L'ÉPOUX PARISIEN,

OU

LE BON HOMME.

L'ÉPOUX PARISIEN,

OU

LE BON HOMME.

Par RABAN,

AUTEUR DU CURÉ-CAPITAINE, D'ALEXIS OU LES DEUX FRÈRES, DE MAITRE CORBIN, etc.

Quant à messieurs nos maris,
Ils sont toujours de Paris.

TOME TROISIÈME.

PARIS,

Chez LOCARD et DAVI, Libraires, rue des Augustins, n° 3, à la descente du pont Saint-Michel.

1820.

L'ÉPOUX PARISIEN,

OU

LE BON HOMME.

Savez-vous bien, mes très-chers lecteurs, que c'est une terrible entreprise que celle d'écrire l'histoire d'un mari parisien? Cela demande quelque talent d'observation: il est vrai que les originaux ne manquent pas; mais il y a une infinité de détails précieux, qu'un historien doit faire valoir, et ce n'est pas un petit travail; et puis on court risque de se mettre tous les maris sur les bras, ce qui ne serait pas tout-à-fait aussi plaisant que leur histoire. Ces Messieurs peuvent se reconnaître, et crier *haro* sur le pauvre auteur, qui est bien l'homme du monde le plus pacifique, et qui d'ailleurs, eût-il la force d'Hercule, serait fort embarrassé de rendre raison à tous les bons hommes de notre belle France, ou seulement de Paris. Ils auraient pourtant grand tort de se fâcher ; car après tout, ce n'est pas leur faute si la mode ne veut pas que les femmes aiment leurs maris. Je les invite à se calmer, à rire avec moi des ridicules du jour, et j'espère qu'ils auront le bon esprit de le faire. Au surplus je reconnais hautement qu'il est des femmes fidèles, et par conséquent des maris qui ne sont pas c... permis à chacun de se croire un de ce petit nombre d'élus. Quant, à moi, qui, pour le moment, ai le bonheur d'être garçon, mais qui, pour mes péchés, pourrai quelque jour prendre femme, j'avoue que je ne redouterai guère l'accident qui pourra orner mon chef, et j'aurai le bon esprit de répéter avec La Fontaine :

> Quand on l'ignore, ce n'est rien ;
> Quand on le sait, c'est peu de chose.

Sur ce, lecteur, et ma profession de foi faite une bonne fois pour toutes, je reviens à mes personnages, et, si vous aimez le scandale, je vous invite à y revenir avec moi. Les femmes, les prêtres, les maris et le scandale, voilà les mines que jusqu'ici j'ai tenté d'exploiter, et je pense que ce ne sont point les moins fécondes.

Nous avons, s'il m'en souvient bien, laissé Denesville et le baron dans la voiture de ce dernier, et se dirigeant vers l'hôtel qu'habitait madame d'Antremont.

Denesville ne pensait pas plus à sa femme qu'à son ami de l'Espadon; il n'avait fallu rien moins que l'anecdote qu'avait racontée Angerville, pour qu'il se souvînt qu'il était mari. Exclusivement occupé du soin de sa fortune, et les loisirs que lui laissaient ses occupations étant consacrés à la baronne, il s'inquiétait fort peu que sa femme se vendît ou non au plus offrant et dernier enchérisseur; il était même assez disposé à lui pardonner, pourvu qu'il n'en entendît plus parler, car il était quelquefois raisonnable Denesville : « J'ai cru pendant quelque temps, se disait-il, qu'une femme aimable et jolie pouvait me suffire, et je n'ai pas été long-temps à reconnaître mon erreur. Le temps, qui use tout, use aussi l'amour; et même c'est une des choses qu'il use le plus promptement; il n'est donc pas étonnant que ma femme ait reconnu cette erreur, comme moi. A la vérité, son amant a pensé me tuer; mais ce n'est pas la faute de ma femme : ainsi, tout bien pesé, qu'elle me laisse en repos, et je lui pardonne de tout mon cœur. » Ainsi pensait Denesville, et, pour un homme qui a tant fait de sottises, et qui peut ou doit en faire beaucoup, ce n'était pas trop mal penser. Cependant on arrive chez madame d'Antremont.

Denesville reconnut aussitôt sa très-vertueuse moitié, et la surprise que lui causa cette rencontre, à laquelle il était si loin de s'attendre, pensa le trahir. — Qu'avez-vous donc, mon ami ? lui demanda le baron, qui avait remarqué le trouble de son premier commis. En vérité vous n'êtes pas bien aujourd'hui, et j'ai peut-être abusé de votre complaisance. — Ce n'est rien, répondit le bon mari, rien en vérité. — Ah ! ah ! je devine, reprit tout bas le baron ; on ne voit pas impunément une aussi jolie femme : avouez que je suis un mortel heureux de savoir attendrir de si charmantes femmes ? Tandis qu'il parlait, Denesville avait lancé à sa femme un coup-d'œil significatif. Celle-ci, pour le moins, aussi troublée que son mari, se remit promptement. Le baron était enchanté, car il voulait faire croire que son propre mérite lui servait à faire des conquêtes; il n'avait eu garde de parler à son commis des deux cents louis qu'il comptait chaque mois à madame d'Antremont, et il crut avoir réussi à lui donner une haute idée de son mérite.

Denesville, de son côté, savait à quoi s'en tenir sur cet article : l'aventure du conseiller lui en avait assez appris pour qu'il ne pût se tromper là-dessus. Il savait bien que de l'Espadon, dont il avait, depuis, reconnu toutes les fourberies, n'était pas homme à céder pour rien ce qu'il appelait ses droits.

On soupa assez gaiement, et Denesville fut plus gai qu'il ne l'avait espéré lui-même : il adressa souvent la parole à sa femme, et celle-ci lui répondit toujours avec autant d'esprit que de grâce.

« En vérité, se disait Denesville, ce coquin de recruteur est un drôle bien heureux. Il faut avouer que j'ai été un grand sot de n'avoir pas su tirer parti d'un pareil trésor ; car une femme comme la mienne est un véritable trésor pour celui qui sait le faire valoir, et cet escroc, qui se disait mon ami, paraît s'entendre parfaitement à cela. Tandis que ma femme ferait contribuer le baron ; je recevrais les cadeaux de la baronne, cela ne m'empêcherait pas d'entreprendre des fournitures, et Dieu sait quelle fortune nous ferions! Qui m'empêcherait après cela de me faire baron, et même comte, si cela me convenait? Bien des grands sont arrivés aux honneurs par ce chemin, qui n'est pas celui de l'honneur ; mais qu'importe! c'est celui de la fortune, et dans le siècle où nous vivons, et qui est pourtant très-moral, à ce qu'on assure, l'honneur n'est qu'un *mot;* et la fortune est une *chose,* et une chose solide encore. D'ailleurs ma femme est bien, très-bien, je crois qu'elle ne fut jamais plus jolie que depuis qu'elle m'a quitté, et je suis bien forcé de convenir que ma baronne, Rosalie, et toutes les femmes qui m'ont fait tourner la tête, sont loin de pouvoir lui être comparées avec avantage ».

De son côté, madame d'Antremont se disait : « Il est vraiment dommage que mon mari ne pense pas comme de l'Espadon; celui-ci est brutal, emporté, et ne m'a jamais aimé : mon mari, au contraire, m'adorait; il est d'un naturel doux, d'une humeur agréable, et, à cela près de ses préjugés, c'est un homme charmant. » Hélas! elle ignorait que Denesville ne tenait plus à ce qu'elle appelait des préjugés. Dès le moment où cet homme trop faible s'était prêté au rôle infâme que Rosalie lui avait fait jouer, il avait cessé d'être un homme d'honneur. On peut être cocu sans être blâmable; mais on ne peut consentir à l'être sans se rendre digne du plus profond mépris.

Le baron s'étant absenté un instant pour satisfaire un léger besoin, Denesville profita de cette absence pour demander une explication à sa femme; mais ce n'était ni le lieu, ni le moment, et elle le lui fit judicieusement observer. Eh bien ! reprit-il, j'habite l'hôtel du baron; j'ai conservé mon véritable nom : écrivez-moi, mandez-moi le jour et l'heure où vous pourrez me recevoir, et continuez d'être prudente, ou vous êtes perdue. Madame d'Antremont ne concevait pas trop comment son mari pourrait la perdre ; il lui semblait que dans la situation où elle se trouvait elle n'avait pas grand chose à craindre, tandis que son mari pouvait devenir la fable du public. Quand on est déshonoré, et qu'on a perdu sa fortune, on n'a plus rien à perdre, et madame d'Antremont ne pouvait raisonnablement penser qu'en supposant que le recruteur possédât quelque bien, elle pouvait le regarder comme lui appartenant de moitié. A la vérité, c'était elle qui avait gagné la plus forte partie de l'argent qui pourvoyait à la dépense journalière; mais avec un homme comme de l'Espadon, il ne fallait pas compter sur un acte de justice, et c'était encore une des raisons qui lui faisaient désirer de quitter ce personnage. « Au moins, pensait-elle, en vivant avec mon mari, je sauve les apparences, je m'élève de nouveau au rang des femmes soit-disant estimables, et si j'achette un hôtel, une voiture, et que je paie un nombreux domestique, qu'importe au public que ce soit ou non avec le produit de mes charmes, pourvu que mon mari s'en trouve bien, et que je puisse afficher le luxe et l'opulence? je jouirai d'une grande considération, et cela ne laisse pas que d'être agréable. D'ailleurs il faut convenir que mon mari est un charmant cavalier: deux ans de séparation me rendraient sa possession aussi agréable qu'une nouvelle conquête, et je sens que je passerais encore dans ses bras de délicieux momens. Le baron est très-riche, Denesville est son ami, donc il est clair qu'il a fait fortune. Je n'ai rien, mais je puis gagner beaucoup. Avant de faire toutes ces réflexions, madame d'Antremont avait promis d'écrire, et c'était tandis que le baron et Denesville s'entretenaient qu'elle raisonnait de la sorte.

Cependant la nuit était fort avancée, de l'Espadon pouvait rentrer. Denesville n'était pas celui qui craignait le moins sa visite : il fit observer au baron qu'il serait convenable de paraître à l'hôtel avant la fin du bal, et ils partirent.

Angerville était encore avec la baronne, et Denesville enrageait.

L'officier était jeune, bien fait, et puis, qui ne connaît tout l'empire de l'épaulette sur le cœur féminin? Ce n'était pas qu'il tînt beaucoup à la baronne, car, ainsi que je l'ai dit, l'amour de l'or remplaçait chez lui l'amour du beau sexe, et puis, depuis qu'il avait projetté une réconciliation avec sa femme, il s'occupait uniquement de cette affaire. Il avait donc le dessein de rompre avec la baronne; mais on n'aime pas à être prévenu en pareille circonstance, et Denesville avait un reste d'amour-propre; c'est avec l'espérance, la seule chose qui n'abandonne jamais l'homme. Dans cette circonstance, la retraite était le parti le plus sage que pouvait prendre notre héros : cela parait à tous les évènemens désagréables qui pouvaient lui arriver ; car qui sait si ce mauvais sujet d'Angerville ne lui ménageait pas quelque nouvelle mystification? Il se retira donc, se coucha, et, ne pouvant dormir, il se mit à réfléchir sur les évènemens de la journée. « Si je me raccommode avec ma femme, se dit-il, il faut que je me brouille avec le baron, et il est désagréable de se brouiller avec un homme qui nous fait gagner beaucoup d'argent; cependant je possède plus de deux cent mille francs, je puis continuer à travailler pour mon compte ; au lieu d'un quart dans les bénéfices j'aurai un entier, et il est clair que je gagne à cela trois cent pour cent. A la vérité, je dois quelque reconnaissance au baron ; mais il a couché avec ma femme, il y a compensation. Il est encore vrai qu'il a payé les complaisances de cette dernière, et que d'ailleurs j'ai fait avec la baronne ce qu'il a fait avec ma femme ; mais après tout, je ne serai pas plus blâmable que bien des gens, qui déchirent sans pitié la main qui les a secourus. La baronne d'ailleurs m'a joué cette nuit un tour sanglant, et il est tout naturel que je me venge. Me voilà donc tranquille de ce côté ; mais si ce diable de recruteur s'avisait de trouver mauvais que ma femme cessât d'être sa maîtresse, ou plutôt qu'il cessât d'être le maître de ma femme, ma foi il faudrait bien qu'il se contentât. Oui, mais s'il s'avisait de me provoquer... cet homme-là est un spadassin de premier ordre, qui tue son homme avec le plus grand sang-froid du monde ; j'en sais quelque chose, et je ne suis pas tenté de renouveler l'épreuve. Ah ! voila ! je lui dirai que je ne me bats qu'avec d'honnêtes gens, et il est notoire que de l'Espadon est un escroc. Ainsi, rien ne s'oppose donc à un raccommodement entre ma femme et moi. Je fermerai les yeux sur certaines choses, que du reste il m'est bien permis de tolérer, puisque de grands seigneurs les tolèrent bien. Je suis déjà riche, je le serai dix fois plus ; je suis roturier, pour de l'argent on me fera noble. Ce n'est donc pas sans raison qu'on dit que les cocus sont heureux? oui, sans doute, ils le sont; je sens qu'ils doivent l'être beaucoup, et je ne vois rien que de très-naturel à prendre le bonheur où on le trouve. » Comme il achevait ce chef-d'œuvre de raisonnement, le sommeil s'empara de ses sens, et il s'endormit bercé par l'espoir d'être bientôt un personnage important. Denesville se réveilla fort tard, car il commençait à faire jour lorsqu'il s'endormit, et il se disposait à se lever lorsqu'on frappa à la porte de son appartement. On entre.... c'est Julie. Elle apportait un billet de sa maîtresse. Julie, si on veut bien se le rappeler, est une soubrette des plus fines. Le billet portait seulement le jour et l'heure qu'on pouvait recevoir Denesville ; mais Julie avait bien des choses à dire à Monsieur, et elle était plus capable qu'une autre de s'en tirer convenablement. Denesville ouvre le billet. Sa femme l'attendait ce jour même pour dîner avec elle. — Quoi ! Julie, ta maîtresse veut dîner avec moi ? — Ah ! Monsieur, la pauvre dame vous pleure tous les jours. — Mademoiselle Julie, vous m'en imposez : si ma femme m'avait aimé, elle ne m'eût pas abandonné ; car enfin, personne ne l'a forcée à suivre le recruteur. — Pardonnez-moi, Monsieur, on la força de vous quitter ; on employa la violence pour l'arracher d'auprès de vous. Cela, il est vrai, était la suite naturelle d'une première faute ; masi cette faute, ne l'aviez-vous pas provoquée par votre conduite. La femme la plus jolie, la plus aimable de Paris ne put changer votre humeur volage, il vous fallut des actrices, et cette Rosalie... — Diable, mademoisselle Julie, vous paraissez bien instruite de ma conduite! — Cela n'a rien d'étonnant, Monsieur; madame, qui vous aimait, qui vous adorait, ne pouvait manquer de remarquer votre refroidissement; elle voulut savoir ce qui en était cause, elle fit éclairer vos pas, et ne tarda pas à connaître sa rivale. Ah! Julie, me disait-elle chaque jour, que je suis malheureuse: encore si je pouvais oublier l'ingrat qui me sacrifie!... Je voulais la consoler, je lui disais que son amour l'aveuglait, que vous n'étiez sûrement pas aussi coupable qu'elle le croyait; et alors elle me racontait vos nombreuses infidélités. Madame n'a eu qu'un tort envers vous, ce tort vous l'aviez provoqué, et on sait où conduit un premier pas; mais si elle avait le bonheur de trouver grâce près de vous, par combien de moyens ne chercherait-elle pas à vous faire oublier ses erreurs passées ! » — Vous verrez, se disait tout bas Denesville, que ma femme sera plus sage que je ne voudrai. Écoute, Julie, dis à ta maîtresse que je n'exige pas tant de sacrifices; qu'elle quitte de l'Espadon, voilà tout ce que je lui demande. Dis-lui que je suis maintenant philosophe, très-philosophe même, que j'ai appris à tolérer bien des choses. Tu ajouteras que j'accepte l'invitation, et que je dînerai aujourd'hui avec elle. » Julie fut enchantée de tout ce que lui dit Denesville, et elle s'empressa de porter cette bonne nouvelle à sa maîtresse.

C'est une belle chose que la philosophie, et je suis bien surpris qu'elle ne fasse pas de plus grands progrès parmi nous, car toutes les femmes devraient être philosophes, cela est si commode. « Mon mari n'est pas aimable, dirait une femme sensible ; mais il m'est bien permis d'aimer un autre homme que mon mari : il est vrai que le préjugé fait un crime d'une chose qui n'est que très-naturelle; mais je suis philosophe, je méprise le préjugé, et je couche avec l'homme qui me plaît le plus. » De son côté, le mari dirait : « Il est contre nature de n'avoir qu'une femme, et comme je suis philosophe, je dois suivre la loi naturelle : pour cela, j'aurai autant de femmes que bon me semblera. Il est vrai que les gens à préjugés me blâmeront; mais que m'importe le préjugé » ?

Il est déja assez difficile de connaître son père ; mais pour peu que cette philosophie-là fasse des progrès, cela sera tout-à-fait impossible. Mais qu'importe ? la philosophie est préférable à ces petites considérations. Madame Denesville fut enchantée des dispositions de son mari : dès ce moment il lui fut plus cher encore, et le recruteur lui fut plus odieux. En effet, il était difficile de réunir à un si haut degré toutes les qualités qui constituent un mari comme il en fallait un à cette vertueuse femme. M. de Rostagni, à la vérité, tolérait quelques fantaisies, mais il s'en fallait de quelque chose qu'il fût homme à les permettre. Denesville, non-seulement permettait, mais il promettait de seconder : un tel homme est à coup sûr très-précieux pour une femme du caractère de notre héroïne, qui attendait, avec la plus vive impatience, le moment de témoigner sa reconnaissance à son bon mari. De son côté Denesville était enchanté de l'heureuse issue de cette affaire; et il s'apprêtait à soutenir la singulière entrevue qu'il allait avoir avec sa femme, lorsque la baronne le fit prier de passer chez elle. Il fut tenté de refuser, mais la curiosité l'emporta. Que pouvait avoir à lui dire madame d'Andreville? il se rendit donc d'assez mauvaise grâce chez la femme de son patron. — En vérité, mon cher ami, je vous croyais mort. Quoi! vous savez que le baron est absent pour une partie de la journée, et vous ne daignez pas venir vous informer de ma santé! en vérité cela est inouï, et je suis tenté de croire que vous ne m'aimez plus. — C'est, je crois, madame, ce qui vous importe fort peu, et j'ai tout lieu de croire que certain officier avec lequel vous dansâtes toute la nuit...... Comment donc! de la jalousie! Cela est charmant, en vérité, le trait est des plus galans, et, en faveur de votre jalousie, je vous pardonne. Venez m'embrasser, et ne parlons plus de cela. »

Denesville était impatient de voler au rendez-vous que lui avait assigné sa femme; mais la baronne méritait bien qu'on lui fît quelque petit sacrifice; et il est d'ailleurs assez difficile de ne point obéir à une jolie femme qui commande qu'on l'embrasse. Denesville obéit donc à sa maîtresse. Un baiser suffit pour jeter le trouble dans les sens : peu-à-peu on s'approche de l'autel de l'Amour; déjà la charmante victime y est placée, encore quelques secondes.... Dans ce moment la porte s'ouvre........ Victime et sacrificateur sont pétrifiés. C'est le baron lui-même, que la fureur empêche de parler. Enfin il s'écrie : Traître ! c'est donc ainsi que tu reconnais mes bontés? — Monsieur, répond Denesville, de ce que vous avez des bontés pour moi, il ne s'ensuit pas que madame n'en doive point avoir. — Comment, misérable...., — Ne crions point, M. le baron; vous couchez avec ma femme, je suis au mieux avec la vôtre; il y a compensation. — Quoi ! Rosalie serait.... — Rosalie ne m'est rien; mais madame d'Antremont est ma femme. — Et quand elle la serait, la d'Antremont est une p. que je paie; son prétendu mari est un misérable, que j'ai tiré de la fange, et ma femme est baronne, M. le drôle! — Va pour le titre; mais si on a fait un baron d'un garçon tailleur, on peut bien faire un c... d'un baron. Ce dernier trait mit le comble à la fureur de M. d'Andreville : il ouvrit un secretaire, en tira deux pistolets, et en présenta un à son adversaire. Rien n'est plus comique que deux poltrons qui veulent faire les braves. Le baron avait de fortes raisons pour ne point craindre l'issue de ce fameux combat; mais Denesville n'était pas aussi tranquille : il semble qu'à mesure qu'on est moins digne de vivre, on tienne davantage à la vie. Tirez, dit noblement le baron. Denesville rassuré, parce qu'il se croit sûr de mettre son adversaire pour le moins hors de combat, fait jouer la détente; mais à son grand étonnement, le coup ne part point. Je suis maître de votre vie, dit encore M. d'Andreville, et si vous étiez, comme moi, un homme de qualité, je vous ferais l'honneur de vous casser la tête; mais avec des gens de votre espèce, on se venge en les chassant. Denesville, anéanti, ne savait quelle contenance faire; mais s'étant avisé de sonder l'arme qu'il tenait encore, il reconnut qu'elle n'était point chargée, et cette circonstance, en expliquant la bravoure du baron, lui donnait beau jeu de tirer vengeance de la mystification. — Benoit, s'écrie-t-il, vous êtes un lâche : vous vous battrez, où, morbleu ! je vous couperai la figure à coups de canne. Le baron prétendait qu'il se compromettrait en se mesurant publiquement avec un roturier ; mais Denesville, qui était vigoureux, le menaça de se faire justice sur-le-champ. M. d'Andreville faisait piteuse mine, et se mordait les ongles de s'être si fort avancé dans cette fâcheuse conjoncture : il demanda humblement à capituler, et voici les conditions que lui fit Denesville, et qu'il se trouva fort heureux d'accepter. Vous renoncerez à madame Denesville ; mais comme il est juste qu'elle soit indemnisée de la perte que cela va lui faire éprouver, et que d'ailleurs les faveurs d'une femme comme la mienne ne sauraient être payées trop cher, vous lui compterez sur-le-champ dix mille francs, que je me charge de lui porter moi-même ; à ces conditions je renonce à me battre; je fais plus, je jure de garder le secret sur ce qui vient de se passer. M. le baron n'eut garde de répliquer, tant il craignait les coups de canne, et il s'empressa de remettre à son commis dix billets de caisse de mille francs chacun. Denesville riait sous cape, et bénissait son heureuse étoile, en plaçant les billets dans son portefeuille. Il fit aussitôt enlever ses effets, et fut s'établir dans un hôtel garni, en attendant qu'il prît avec sa femme les mesures convenables pour monter une maison selon ses moyens. Parbleu! se disait-il, en courant au rendez-vous, on a bien raison de dire que les préjugés font le malheur des hommes: depuis que je n'en ai plus, la fortune me sourit, et il ne tiendra sûrement pas à moi-qu'elle continue à m'être favorable.

Denesville arriva chez sa femme qui déjà commençait à craindre qu'il eût changé d'avis. Dès qu'il entra, elle courut à lui, et le serra dans ses bras, en laissant échapper quelques larmes, dont les femmes, et particulièrement celles de l'espèce de madame Denesville, ne sont pas avares.« Nous avons eu des torts réciproques, lui dit son mari; j'oublie tout, et j'espère que vous agirez de même. Vous vivez avec de l'Espadon, et il est probable que vous ne possedez rien ; j'ai plus de deux cent mille francs, et, avec l'expérience que nous avons acquis l'un et l'autre, il sera facile de doubler, et même de tripler ce capital : nous avons agi comme des enfans en sacrifiant notre fortune à nos plaisirs ; il faut maintenant que nos plaisirs fassent notre fortune. » Madame Denesville comprit parfaitement ce que son mari voulait dire, et cela s'accordait trop avec ses goûts, pour qu'elle n'en fût pas enchantée.

Le dîner fut très-gai. Nos époux étaient enchantés l'un de l'autre.

On eût dit, à l'air rayonnant de
Denesville, qu'il venait de faire
une nouvelle conquête, et à la vérité, c'est une grande conquête
pour un mari que de se faire aimer de sa femme. C'est un secret
que bien des époux ne possèdent
pas, et c'est de quoi je les plains
de tout mon cœur, en attendant
que je sois aussi à plaindre qu'eux.
Madame Denesville avait eu la précaution de se munir de ses bijous
et du peu d'argent qu'elle possédait : il était convenu qu'après le
dîner on irait loger à l'hôtel où
Denesville avait déposé ses effets,
et qu'on laisserait une lettre pour
de l'Espadon, dans laquelle on lui
annoncerait l'intention qu'on avait
de changer de conduite, et le

parti qu'on avait pris de le quitter, afin de commencer à mener une vie plus régulière ; mais le hasard devait ce jour-là servir les époux. La soirée était avancée, car on s'était mis à table fort tard, et on n'en était encore qu'au dessert, lorsque le recruteur entra : il est inutile de dire qu'il ne fut pas peu surpris de trouver Denesville à table à côté de sa femme; il croyait rêver, et ne fut certain que tout ce qu'il voyait n'était pas un songe que lorsque madame d'Antremont lui parla en ces termes: Je vous déclare, Monsieur, qu'à compter d'aujourd'hui, je cesse d'avoir aucune relation avec vous. Je vous hais, vous le savez, et vous connaissez les motifs qui me font vous haïr, et vous mépriser. Vous avez employé la violence pour me faire manquer aux devoirs les plus sacrés d'une honnête femme. Je fus plus malheureuse que coupable, et mon mari, qui est persuadé de cette vérité, veut bien me pardonner. — Je le reconnais bien là, répondit en riant le recruteur; c'est bien la meilleure pâte de mari qu'il soit possible de rencontrer. Au surplus, ajouta-t-il, en déposant sur une table un rouleau de billets de caisse, et des monceaux d'or, que probablement il avait gagnés au jeu; au surplus, voilà de quoi me procurer autant de filles de votre espèce que j'en voudrai avoir. Denesville savait que lorsqu'une femme est insultée en présence de son mari, celui-ci doit la venger de l'outrage qu'elle a reçu ; mais il savait aussi que le recruteur n'était pas un baron d'Andreville, et j'ai dit qu'en cessant d'être honnête homme, Denesville avait cessé d'être brave: aussi il n'eut garde de répondre ; il se leva, présenta son bras à sa vertueuse moitié, et ils se retirèrent suivis de Julie, qui n'avait garde de quitter une maîtresse avec laquelle elle savait qu'il n'y avait rien à perdre, et beaucoup à gagner.

Voyons, se dit le recruteur quand il fut seul, que vais-je faire des cent mille écus que j'ai gagnés? il faut songer à faire une fin ; ce n'est pas que je sois vieux ; à quarante-cinq ans, un homme est dans son été, il n'a encore parcouru que la moitié de sa carrière ; mais cela n'empêche pas de songer à l'avenir. Avec trois cent mille francs, je puis acheter deux hôtels : j'en occuperai un, je louerai le second........ Oui, mais je prétends être à l'abri de tous les caprices de la fortune, et pour cela, il ne faut pas acheter d'hôtels : un incendie peut dévorer cela en une nuit, et voilà ma fortune *ad patres*. Il n'est pas beaucoup plus sûr de placer sur l'Etat : un changement de gouvernement, une révolution, et l'on est ruiné sans misericorde. Je ne vois pas de moyens plus sûrs que de placer mon argent par première hypothèque sur de bonnes terres : cela ne brûle pas, et si la grêle vient en détruire le produit, cela ne regarde que le cultivateur. Ainsi voilà qui est resolu, je placerai mes cent mille écus de cette manière, et je pourrai être tranquille sur l'avenir. Voyons, combien cela me rapportera-t-il ? Environ dix-huit mille francs..... Diable ! c'est peu de chose que dix-huit mille francs pour vivre à Paris, car je n'irai certainement pas m'enterrer dans quelque bicoque de province: on ne peut, avec un si modique revenu, avoir un équipage; et, pour jouir de quelque considération, il est indispensable d'avoir un équipage : diable ! cela est embarrassant. Il est malheureux que ceux qui ont des propriétés n'empruntent pas à douze du cent. Mon capital me rapporterait trente-six mille francs, et c'est tout juste ce qu'il faut à un homme, qui n'est pas prodigue, mais qui est bien aise d'avoir une voiture. En vérité, il faut convenir que je suis un grand sot; j'étais en veine lorsque je quittai la partie ; dix minutes plus tard, j'eusse rapporté le double de cet argent, et il ne me restait plus rien à désirer. Heureusement, le mal n'est pas sans remède ; ce que je pouvais gagner il y a une heure, je puis encore le gagner maintenant. Il n'est pas tard; on joue chez la baronne de Gros-Ménil jusqu'à deux heures du matin : on joue gros jeu ; dans une heure j'aurai doublé mon argent. En parlant ainsi, il reprit l'or et les billets qu'il avait déposés sur la table, et il partit plein de sa grandeur future, et du rôle important que sa voiture lui permettrait de jouer dans le monde. J'aurai, disait-il encore, en courant chez la baronne de Gros-Ménil, j'aurai au moins le plaisir d'éclabousser ce faquin de Denesville, et sa femme, qui n'est qu'une catin que je remplacerai quand je voudrai : il est bien agréable d'être riche ; on marche sur le corps à ces petites gens, qui n'osent se plaindre, parce qu'ils savent que la fortune donne à *Monseigneur* le droit d'être insolent. » Ainsi raisonnait de l'Espadon, ainsi raisonnent tous les misérables possédés de la fureur du jeu, et le nombre de ces insensés est aujourd'hui plus grand que jamais. Ce n'est plus seulement dans les hautes classes de la société que cette terrible passion exerce ses ravages; des maisons de jeu, non-seulement tolérées, mais encore protégées par le gouvernement, offrent un appât funeste aux artisans, aux ouvriers de toutes les classes, qui chaque semaine voient ce gouffre engloutir le produit de leurs paisibles travaux. Une femme, de jeunes enfans attendent avec impatience le retour du chef de la famille : il doit apporter quelqu'argent, et ces malheureux ont des besoins de première nécessité à satisfaire. Il arrive enfin, ce père, cet époux si impatiemment attendu, il arrive....... Mais son visage est pâle, son air abatu, ses yeux hagards... Le malheureux a perdu l'argent qui devait nourrir sa famille, qui, désespérée, mourant de faim, est réduite à implorer la charité des passans...... Vous avez raison, charmantes lectrices, je vous ai promis d'être gai, et j'ai tout l'air d'entamer un sermon, ce qui n'est pas toujours plaisant; mais convenez que le sujet prête, et puis on est bien aise de faire sentir que l'on a des mœurs, car un romancier en a comme un autre. D'ailleurs il n'y a pas autant de différence qu'on pourrait le croire, entre un sermon et un roman, et je connais quelques-uns de ces premiers qui sont peut-être plus comiques que le roman de Scarron. J'avais resolu de vous divertir avec quelques-uns de ces petits sermons, chers lecteurs; mais un mien ami m'assura que cela n'était pas nécesseire, et que je ne ferais pas mal de me tenir *coi*, pour ce qui regarde les prédicateurs et les sermons qu'ils débitent; et cet ami étant un homme sage, je conclus qu'il avait raison, et voilà pourquoi vous ne trouverez point de sermons dans mon roman ; ce qui pourtant eût été plaisant, original même, et je tiens un peu à l'originalité ; mais il faut bien aussi sacrifier quelque chose à la prudence.

Je vous disais donc que le recruteur, muni de ses cent mille écus, courait chez madame la baronne de Gros-Ménil ; cette dame avait trouvé le moyen de réduire à zéro son immense fortune, et elle ne se soutenait qu'en donnant à jouer chez elle, ce qui n'est pas très-moral ; mais il est reconnu qu'une femme de qualité n'est pas tenue d'avoir des mœurs : cela est bon pour la canaille. Il est vrai que madame la baronne avait été jadis femme de chambre de la femme d'un maréchal de France. Le maréchal avait trouvé la soubrette fort gentille; et, pour la payer de quelque complaisance, l'avait mariée à son intendant. L'intendant, qui entendait bien les intérêts de Monseigneur, entendait encore mieux les siens. A la révolution, Monseigneur avait émigré; l'intendant avait acheté les propriétés de son patron, et, lors de la création d'une nouvelle noblesse, il avait, comme bien d'autres, trouvé les moyens de se faire *baronniser*. M. le baron avait cent mille francs de revenu; il les mangeait à lui seul; madame en dépensait le double. Ils parvinrent en peu de temps à se ruiner, et maintenant ils ruinaient les autres pour vivre ainsi avec le monde, qui est pourtant le meilleur possible. Je serais assez curieux de connaître le plus mauvais. Revenons.

De l'Espadon arriva chez la baronne : la société était nombreuse, et le plus profond silence régnait; ce qui prouvait qu'on s'amusait beaucoup. En sortant de là quelques-uns de ceux qui s'étaient le plus amusés se brûlaient la cervelle ou se jetaient à la Seine.....
Chacun son goût : c'était le leur ; il ne nous appartient pas d'y trou-

ver à redire... Au diable les digressions.

Je reviens, pour la troisième ou quatrième fois, à mon héros, et à ses trois cent mille francs; et cette fois, ami lecteur, je vous promets d'achever d'un trait l'histoire de ce personnage. Il joua d'abord petit jeu, et gagna; mais trouvant que cela n'allait pas assez vite, il doubla, tripla son jeu, et ses billets et espèces passèrent en un clin-d'œil de sa poche dans celle du croupier. De l'Espadon était anéanti; le désespoir l'écrasait; il accusait le sort, et il faut avouer qu'on est encore heureux en pareille circonstance, de trouver le sort, afin de pouvoir s'en prendre à quelque chose : cependant il se rappela qu'il avait un assez beau mobilier, dont il lui serait facile de faire de l'argent sur-le-champ, en le donnant pour le cinquième de sa valeur. En conséquence, il se rendit chez un honnête tapissier, qui lui compta dix mille francs de ce qu'il était bien sûr de vendre cinquante, et le recruteur retourna aussitôt chez la baronne, où il laissa encore ses dix mille francs, ce qui était assez naturel. Rien n'est stable ici-bas ; quand on se porte bien, on doit s'attendre à être malade tôt ou tard ; quand on a beaucoup joué, beaucoup gagné, et qu'on continue de jouer, il est clair qu'on finira par perdre. De l'Espadon perdit donc, et il sentit combien, dans cette occasion, la possesion de madame d'Antremont lui serait utile. Il lui restait six francs, et il était décidé, dans son désespoir, de les employer à acheter un pistolet, avec lequel il se proposait de se brûler la cervelle. On a beaucoup parlé contre le suicide, et j'approuve fort ceux qui le blâment. Cependant, si ce crime n'était commis que par des gens de l'espèce du recruteur, je pense qu'on pourrait le tolérer pour le bien de l'humanité. Quoi qu'il en soit, il faut croire qu'il était écrit que de l'Espadon ne se tuerait pas; car, malgré tout le désir qu'il en avait, il ne rencontra pas un armurier sur sa route; mais en revanche, il rencontra quelques prêtresses de

Vénus, qui l'invitèrent à les visiter. Le recruteur n'entendait rien, tant son malheur l'accablait, et il marchait toujours, sans trop savoir pourquoi, non plus que le lieu vers lequel il se dirigeait. Une des filles dont je viens de parler le prit pour un fou ; mais comme il était fort bien mis, elle pensa que ce fou-là pourrait être généreux, elle lui prit la main, et de l'Espadon se laissa conduire machinalement ; ce ne fut qu'en entrant dans le réduit de la princesse, qu'il s'aperçut qu'il était chez une fille. — « Ma foi ! se dit-il, mourir d'un coup de canon ou d'un coup de fusil, c'est toujours mourir ; je couche avec cette fille, et, si demain j'ai encore envie de quitter ce monde, il ne tiendra qu'à moi de me pendre ou de me jeter à la rivière. » Il se coucha en faisant cette réflexion, qui était assez raisonnable. Il s'en fallut quelque chose qu'il passât une nuit tranquille ; aussi, dès que le jour parut, il se leva, bien décidé à faire ses adieux à ce monde, qu'il ne pensait pas être le meilleur : chacun son opinion. Il donna ses six francs à sa compagne, qui se plaignit de son peu de générosité ; mais il n'en possédait pas davantage. Comme il sortait de ce taudis, une vieille femme décrépite, qui n'avait pour vêtemens que de misérables guenilles, et portait un tablier de cuisine, qui paraissait avoir été blanc quelques mois auparavant; cette femme s'approcha de lui, et le pria de ne pas oublier *la bonne*. Le recruteur n'avait pas un sou, et allait passer outre; mais il lui sembla que le son de voix de cette femme ne lui était pas inconnu; ses traits même, malgré qu'ils portassent l'empreinte du temps et de la débauche, semblaient lui rappeler quelqu'un qu'il avait connu autrefois : il se retourne, s'approche : cette femme, étonnée, le regarde à son tour, et s'écrie en lui sautant au cou : Dieu soit loué ! c'est mon fils, que je croyais mort depuis si long-temps. — C'est lui-même, répondit de l'Espadon, qui venait aussi de reconnaître sa mère; mais si j'espérais

vous retrouver un jour, je ne pensais pas que ce fût dans un............
— Ah ! mon ami; les malheurs....
— J'entends, les suites de l'habitude que vous prîtes avec le grand-vicaire et l'évêque, de ne rien faire, et de vivre dans l'abondance. — J'ai au moins le plaisir de voir que la fortune t'a mieux traité que moi. — Vous vous trompez... — Mais enfin, les apparences.... — Sont trompeuses : j'avais hier trois cent mille francs ; aujourd'hui je ne possède pas une obole. — Je devine : le jeu.... Malheureux... — Est-ce à vous à me reprocher mes défauts ? — Non, mais je puis au moins t'être utile. — Cela est possible, parlez, de quoi s'agit-il ? – Ecoute;

je vois que nous n'avons pas de reproches à nous faire, et par conséquent, je puis en toute sûreté te faire mes propositions. Les voici : la fille que je sers est bonne et généreuse, et il y a quelques mois que je gagnais bien ma vie avec elle, parce qu'alors elle avait un amant qui soignait ses interêts, et elle s'en trouvait fort bien, et moi aussi. Lorsque quelqu'amateur, qu'on pouvait soupçonner riche, voulait payer comme un petit bourgeois, on faisait la dédaigneuse : comment donc, monsieur, lui disait-on, vous vous trompez, cela est sans doute pour la bonne ; là-dessus on m'appelait, et on me jetait les six francs du monsieur, que je déclarais aussitôt de bonne prise, et si le quidam faisait quelque difficulté, mademoiselle Victoire ; c'est le nom de ma maîtresse, frappait du pied, et soudain son amant, armé d'une longue flamberge, invitait le galant à compter la somme requise, et dont lui-même touchait ensuite une partie ; car enfin il faut que chacun vive de son métier, et celui-là n'est pas le plus mauvais. L'argent abondait au logis, et nous vivions très-heureux, lorsque Victoire eut la sottise de se brouiller avec le *souteneur*, et depuis ce temps, tout va de mal en pis. Mais si tu consentais à remplacer cet homme, tu te trouverais bien, et nous aussi, car je suis bien sûr que tu plairas à Victoire ;

et sur-tout lorsqu'elle saura que tu manies l'épée comme un saint George, elle t'adorera. » De l'Espadon réfléchit quelques minutes; mais il était encore écrit que cet homme passerait par tous les dégrés d'avilissement; il pensa qu'il valait mieux soutenir une fille que de se pendre, et il accepta. Il fut donc présenté à mademoiselle Victoire, qui fut assez surprise qu'un homme si bien mis se trouvât être le fils de sa bonne. Tant il est vrai que si l'habit ne fait pas l'homme, il lui donne au moins certain air de grandeur qui lui sied à merveille. On n'est pas jeune à quarante-cinq ans; mais une fille qui en a déjà plus de trente n'est pas difficile, et puis son commerce souffrait; le recruteur pouvait le faire réussir, et les conventions furent bientôt faites. De l'Espadon serait nourri à la maison ; il aurait une petite chambre au cinquième, pour les jours où la moitié du lit de mademoiselle Victoire serait occupé par un payant, et, à ces conditions, il s'engageait à se battre toutes les fois que cela serait nécessaire pour faire entendre raison aux galans peu généreux.... Nous n'en dirons pas davantage ; il est des tableaux de mœurs, si dégoûtans, que la plume la plus aguerrie se refuse à les tracer, comme l'œil à les voir. Seulement nous observerons que c'est au dix-neuvième siècle que ces choses abominables sont tolérées, et en quelque sorte, soutenues. O vous! observateurs des mœurs, c'est dans ces réceptacles de vices, c'est dans ces lieux infâmes, qu'il faut voir jusqu'où l'espèce humaine peut s'avilir. Et vous, grands législateurs, donnez-nous des lois répressives des abus révoltans qui se passent sous vos yeux. Il y avait des courtisannes à Athènes, parce que les courtisannes sont un mal nécessaire dans une grande cité, qui a le *bonheur* de faire des progrès dans la *civilisation*. Mais ces femmes étaient loin d'être aussi viles que les courtisannes de Paris. Il faut croire que nous sommes plus avancés que les Athéniens dans la civilisation;

mais telle est mon ignorance, que je ne sens pas tout le bien qui en résulte pour nous.

De l'Espadon remplissait ses fonctions avec beaucoup de zèle. Victoire était enchantée d'avoir fait une aussi belle *connaissance*, et les biens furent bientôt communs entre elle et mon héros. Lorsqu'il avait quelques louis, l'espoir de regagner ses cent mille écus les lui faisait porter dans un tripot; mais malheureusement tous ceux qui s'y trouvaient maniaient un jeu de cartes avec autant de dextérité que le recruteur; ils n'étaient pas moins habiles à faire, ce que l'on appelle en terme de *métier, sauter la coupe*; ils savaient très-adroitement glisser les as dans leur manche, et de l'Espadon s'en retournait toujours, non pas comme il était venu, mais plus pauvre encore.

Un jour mademoiselle Victoire reçut un maréchal des logis de dragons, qui crut les faveurs de cette fille bien payées avec un petit écu. Victoire le refusa, et notre militaire le ramassa tranquillement, et se disposait à sortir, lorsque le recruteur parut avec sa rouillarde au côté, et le somma de payer; le maréchal des logis répondit en tirant son sabre, et de l'Espadon se mit en garde; mais il ne fut pas si heureux cette fois qu'il l'avait été les précédentes, et le maréchal lui passa son sabre au travers du corps. Aux cris de Victoire et de la domestique, la garde accourut. Le recruteur fut porté à l'Hôtel-Dieu, on conduisit sa mère à la Salpétrière. Le blessé mourut le lendemain ; et madame de l'Espadon, dont le corps était usé par la plus affreuse débauche, ne lui survécut que peu de jours. Elle avait eu de grands seigneurs pour amans, elle avait possédé de brillans équipages, un nombreux domestique avait long-temps été à ses ordres, et elle mourait à l'hôpital ; cela devait être. Mais remontons à la source du mal : un curé avait séduit la femme du magister, et un noble avait fait emprisonner injustement un malheureux roturier. On répète sans cesse qu'il est indispensable d'avoir un clergé et une noblesse. On a raison, car s'il n'existait pas de mal, on ne connaîtrait pas le bien.

Ma foi, cher lecteur, convenez qu'il ne manque pas de morale dans mon livre. C'est une très-belle chose que la morale ; il est dommage que ce ne soit pas plus amusant, et puis je crains bien que la mienne ne soit pas du goût de tout le monde, voilà pourquoi je m'empresse de revenir à mon principal personnage, à mon bon homme, dont la conduite n'est pas morale du tout, mais dont il est possible que les aventures vous intéressent. Vous attendez peut-être que je décide du sort de Denesville, et moi je cherche ce que je vais en faire. Un faiseur de romans, sans être sorcier, car les romanciers ne le sont pas du tout, peut, d'un coup de plume, faire de grands prodiges : il remue à son gré la terre et le ciel, il fait des tempêtes, et ramène le calme, quand cela lui plaît; il fait combattre un seul homme contre une armée entière ; il fait..... Ma foi, que ne fait-il pas ? Il est vrai que cela est souvent bien ridicule, bien absurde; mais cela se vend, cela se lit même quelquefois. On raille l'auteur ; mais il a les meilleures raisons du monde, pour se moquer des railleurs et des railleries.

Ainsi on ne me constestera pas le pouvoir de faire de mon héros un ministre, un ambassadeur; voir même un roi; tout cela est au bout de ma plume; mais j'ai quelques raisons pour croire que je ferai bien de l'y laisser, et j'en reviens à ma manière toute simple de narrer les choses tout naturellement.

Le lendemain de leur réconciliation, les époux songèrent à monter convenablement leur maison. On loua un bel appartement à la Chaussée-d'Antin, c'est le quartier le plus opulent, le plus galant,

et par conséquent il convenait parfaitement à Madame. On n'avait pas
assez d'argent pour avoir de suite
une voiture brillante et des chevaux ;
car on avait dépensé plus de cinquante mille francs pour le mobilier, et Denesville, dont l'intention
était de continuer à entreprendre
des fournitures pour son compte,
avait, pour cela, besoin d'argent.
Mais en attendant que les charmes
de Madame aient pourvu à cette
dépense, ce qui ne pouvait être
long, attendu qu'elle était encore
fort jolie, on eut un remise assez
propre. Dès le même jour on fut à
l'Opéra, et, selon l'usage, un mur-
mure flatteur s'éleva du parterre
lorsque madame Denesville parut
dans sa loge. Le fameux conseiller

D., que nous avons laissé à Bruxelles, se trouvait précisément placé en face de la jolie coquette, qui lui coûtait plus d'un demi-million, et dont, avec cette somme immense, il n'avait pu avoir les faveurs. Cela lui tenait singulièrement au cœur ; car il était toujours persuadé qu'avec six cent mille francs, il eût pu attendrir le cœur d'une princesse, et cette madame Denesville n'était qu'une petite roturière, à la vérité bien jolie. Le conseiller était toujours, malgré ce petit accident, très-amateur du beau sexe, et sa lorgnette se braqua sur une héroïne... Quelle fut sa surprise de reconnaître la maîtresse du recruteur ! il ne concevoit pas comment après avoir trouvé cette femme et de l'Espadon à Bruxelles, il pouvait se faire qu'elle fût maintenant avec son mari. C'est que le conseiller, qui avait toujours entendu vanter la probité de Denesville, concevait bien qu'on peut être honnête homme et c.... ; mais vivre avec sa femme, après que celle-ci a couru le monde avec un recruteur, vivre avec elle, lorsqu'on ne pouvait ignorer qu'elle vendait ses faveurs au plus offrant, voilà ce qui lui paraissait impossible. — Parbleu ! se dit-il, après l'avoir lorgnée quelques instans, cette friponne est toujours charmante : il y a long-temps que j'ai payé ses faveurs ; je serai bien malheureux si cette fois je ne prends pas possession d'un bien dont certaines gens ne donneraient pas vingt-cinq louis, et qui me coûte six cent mille francs. Si le mari est honnête homme, ce dont je doute fort maintenant, je veux lui ouvrir les yeux sur le compte d'une femme qui le déshonore. Si, au contraire, c'est un fripon, comme je suis fort tenté de le croire, j'agirai en conséquence, et je tirerai de mes deux cent mille écus, ce qu'il me sera possible d'en tirer. En parlant ainsi, M. D. quitta sa loge, et courut à celle qu'occupait monsieur et madame Denesville.

Le conseiller était lui-même un très-bon homme, qui avait la présomption de se croire trop fin pour qu'on pût le tromper; mais que pourtant on trompait très-facilement. Persuadé que la maîtresse du recruteur n'était qu'une fille sans pudeur, et son mari qu'un imbécille ou un fripon, il eût défié le plus adroit raisonneur de lui prouver qu'il se trompait, et voilà que madame Denesville elle même détruisit cette mauvaise opinion, en moins de dix minutes. Elle avait vu le conseiller; elle s'était aperçue qu'il la lorgnait, et, prévoyant bien qu'il ne s'en tiendrait pas là, elle avait bâti une histoire bien noire, bien pathétique, au moyen de laquelle le conseiller devait la voir blanche comme la neige ; et tout cela arriva comme elle l'avait prévu. De l'Espadon était un monstre, un scélérat qui avait voulu la déshonorer, qui s'était procuré de l'argent par les plus honteux moyens; elle n'ignorait pas qu'il avait volé une forte somme à M. le conseiller; elle savait encore de quels moyens il s'était servi pour se procurer cet argent, elle était fâchée que M. le conseiller eût pu la croire capable de mettre ses faveurs à prix; elle espérait le faire revenir de la mauvaise opinion qu'il pouvait avoir d'elle. Ce monstre de l'Espadon l'avait enlevée de vive force, après avoir grièvement blessé son mari, d'un coup de pistolet, et voilà pourquoi il l'avait vue à Bruxelles; mais aussitôt qu'elle avait pu lui échapper, elle était revenue près de son mari, qui savait au reste combien elle était innocente,

A mesure qu'elle parlait, M. D. convenait avec lui-même qu'elle pouvait avoir raison; que d'ailleurs il était difficile d'improviser aussi promptement une telle histoire, et Denesville ayant confirmé tout ce qu'avait dit sa femme, cela acheva de le convaincre qu'il avait été la dupe de son valet de chambre, et de ce scélérat de recruteur: « Je vois bien, se dit-il, que mes six cent mille francs sont perdus, sans ressources aucunes; qu'y a-t-il à espérer avec une femme aussi vertueuse? cela est pourtant dommage, car elle est vraiment charmante. Je me croyais pourtant bien sûr qu'il n'existait pas de femme incorruptible, et voilà que celle que je croyais la plus susceptible de faiblesse se trouve être une Lucrèce... Cependant, peut-être n'est-il pas impossible... Un homme d'esprit disait : Il faut trois choses, pour faire la guerre ; 1° de l'argent ; 2° de l'argent ; 3° de l'argent. On peut en dire autant pour faire l'amour : je suis riche, Denesville ne l'est guère ; il a une jolie femme, elle me plaît, et je dois l'avoir, puisque celui qui a le plus d'argent est le plus fort. » Après avoir fait ce beau raisonnement, qui est celui de bien des gens, le conseiller chercha à lier conversation avec Denesville, et il y réussit d'autant plus facilement que celui-ci, sachant que le conseiller était riche, voyait avec plaisir qu'il trouvait sa femme charmante. On parla théâtre, finance, et Denesville finit par inviter M. D. à déjeuner pour le lendemain ; ce qu'il n'eut garde de refuser. Il savait que l'ami du mari est assez souvent l'amant de la femme ; il savait encore qu'il est des femmes qu'on n'aurait pas pour un million, et qui se donnent pour rien. Madame Denesville n'était pas, à coup sûr, de ces femmes-là ; mais permis au conseiller d'en douter, lui qui avait déposé six cent mille francs sans seulement obtenir un baiser. En vérité, il faut avoir bien peu d'adresse ; mais M. D., tout conseiller qu'il était, ne laissait pas que d'être passablement maladroit ; et s'il valait quelque chose pour le conseil, il était très-maladroit dans l'exécution.

Quoi qu'il en soit, il accepta le déjeûner, et arriva le lendemain, dans sa calèche, à la Chaussée-d'Antin. Denesville, qui était au balcon, descendit au-devant de lui, et le conduisit à travers plusieurs pièces meublées avec la plus grande magnificence. M. D. admirait, il ne croyait pas que Denesville fût si riche, et cela le flattait. Un conseiller, le plus riche propriétaire de France, ne va point chez de petits bourgeois ; mais il pouvait aller chez Denesville, dont les appartemens étaient aussi richement meublés que ceux d'un prince. Enfin, on se mit à table ; la place d'honneur fût comme de raison, celle de M. le conseiller; on avait eu le soin de lui présenter un fauteuil plus élevé que ceux de monsieur et madame; et le bon D., qui était passablement vain, fut charmé de cette attention délicate. Le repas fut splendide, les vins délicieux, et M. le conseiller était grand amateur de bon vin. Au dessert, la conversation s'anima : Denesville parla des fournitures qu'il avait faites au gouvernement, de celles qu'il espérait faire encore, etc. Le conseiller écoutait le mari, et regardait la femme, et, plus il la regardait, plus elle lui semblait au-dessus de toutes les femmes qu'il avait vues jusqu'alors. Madame Denesville prit alors la parole. « M. le conseiller, dit-elle, a des amis puissans; il est même assez bien avec le ministre de la guerre : s'il voulait avoir la bonté de dire un mot à son excellence, mon mari serait certain d'avoir la fourniture de toiles pour l'armée, et on serait éternellement reconnaissant de ce service. » Un homme comme M. D. refuse difficilement quelque chose à une jolie femme, et ce qu'on lui demandait était si facile à accorder, qu'il assura qu'il parlerait dès le lendemain au ministre; il ajouta qu'il était certain d'obtenir, qu'il suffirait pour cela qu'il répondît de M. Denesville, et qu'il en répondrait sur sa tête. Madame Denesville le remercia par un sourire, et M. D. se crut généreusement payé. Il est vrai que lorsqu'on n'obtient rien pour six cent mille francs, on peut croire une promesse généreusement payée par un sourire.

Enfin le repas terminé, et l'heure étant avancée, le conseiller quitta à regret ses chers hôtes ; mais il se consola en pensant qu'il les reverrait le lendemain, et qu'il leur porterait une nouvelle capable d'attendrir singulièrement madame Denesville, et qui aurait l'avantage de le faire l'ami de la maison. En conséquence, il attendit le lendemain avec beaucoup d'impatience.

« Cela va bien, très-bien, se disait Denesville : le conseiller aime ma femme, et il a ma foi raison, car elle est fort aimable. Il obtiendra pour lui plaire la fourniture en question, et c'est déjà quelque chose ; oui, mais cela ne suffit pas. Il faut que M. D. se débarrasse de quelques milliers de francs en ma faveur.» Lorsque la femme du débiteur est la maîtresse du créancier, tout cela ne peut manquer de bien aller, et madame Denesville consultée pensa comme son mari.

Le lendemain le conseiller se présenta chez le ministre : il avait dans un temps rendu d'importans services à son excellence, qui, en reconnaissance de ces services, lui accordait volontiers de petites grâces. Il obtint ce qu'il désirait, et, en sortant de l'hôtel du ministre, il se rendit chez Denesville.— Son excellence, lui dit-il, m'a donné sa parole: vous pouvez envoyer votre soumission et vos échantillons, on dira deux mots aux commissaires chargés de vérifier, et tout ira le mieux du monde. Denesville témoigna sa reconnaissance avec de grands mots; madame parla peu, mais quelques coups d'œil.... Le conseiller était enchanté. Denesville, en mari complaisant, se retira, sous un léger prétexte, et la conversation s'anima entre M. D. et la femme charmante. On était un peu éloigné l'un de l'autre; on rapprocha les siéges, et on parla moins haut. Madame Denesville laissait de temps en temps échapper quelques soupirs, et le conseiller s'enhardissait d'autant : il osa s'emparer d'une main, qu'on ne retira pas; il la porta à plusieurs reprises sur ses lèvres, et on ne faisait, pour la dégager, que de petits efforts, qui faisaient davantage sentir le prix de cette faveur. Le conseiller allait risquer une déclaration, lorsque Denesville reparut, et fit, par sa présence, cesser ce délicieux entretien. — Qu'avez-vous donc, Monsieur ? lui demanda le conseiller ; on dirait, à voir votre figure, que vous êtes fâché d'avoir obtenu aujourd'hui ce que vous sollicitiez hier. — Je vous avoue, Monsieur, que j'ai agi un peu légèrement : j'ai, dans ce moment, beaucoup d'entreprises de ce genre, cela absorbe une grande partie de mes fonds. Je viens de consulter mes livres, il ne me reste que deux cent mille francs de disponibles, et si je ne trouve pas un associé qui puisse disposer d'autant, je crains bien d'être forcé de renoncer à la fourniture en question. Ces paroles, loin de causer quelque peine à M. D., lui firent au contraire un très-grand plaisir. Le Denesville est riche, se dit-il, je puis en toute sûreté lui prêter la somme dont il a besoin. Quand on prête deux cent mille francs à un mari, et qu'on prête sans intérêts, car je n'en voudrai pas recevoir, on peut exiger un peu de reconnaissance de la femme, et, au nom de la reconnaissance, on peut aller bien loin. Ces réflexions furent l'affaire d'un moment, car le conseiller réfléchissait vite, et, prenant aussitôt la parole : « Parbleu, Monsieur, s'écria-t-il, si cette somme est le seul obstacle qui vous arrête, rien n'est plus facile que de le faire disparaître. » Denesville s'attendait à cela, et il n'entendit pas ces paroles sans éprouver un grand plaisir. M. D. ajouta : Faites-moi l'amitié de monter en voiture avec moi, nous irons chez mon banquier, et je vous ferai compter la somme; quand je me mêle d'obliger un galant homme, je ne veux pas que quelque chose vienne s'opposer à mes desseins : partons. Denesville parla encore de reconnaissance éternelle, et il riait sous cape, en voyant le conseiller donner dans le piége avec tant de bonhomie. Ils montèrent tous deux dans la voiture de M. D. On arriva chez le banquier, qui, sur l'ordre du conseiller, compta la somme, et on retourna à la Chaussée-d'Antin. Denesville offrit de faire son billet. — Nous nous reverrons, répondit M. D. : j'espère que vous voudrez bien dîner chez moi demain, nous parlerons d'affaire..» Les époux acceptèrent, et le conseiller retourna chez lui enchanté de ce qu'il avait fait, et de ce qu'il espérait faire encore. Il s'occupa des préparatifs pour recevoir ses convives avec la plus grande magnificence, et se promit bien de ne pas laisser échapper l'occasion de faire part de ses sentimens à la jolie femme qui lui tournait la tête, et qu'il croyait être une vertu.

De leur côté M. et madame Denesville tenaient conseil sur ce qu'ils devaient faire dans cette circonstance. Madame Denesville fit très-judicieusement observer à son mari que, s'il allait dîner chez

M. D. il serait obligé de faire son billet de la somme prêtée, tandis que si elle se rendait seule à l'invitation, les choses pourraient tourner de façon à ce qu'il ne soit plus question de la somme prêtée. Denesville trouva que sa femme raisonnait bien, et il fut décidé qu'elle irait seule chez le conseiller, auquel elle dirait qu'une affaire importante avait empêché son mari de l'accompagner. Elle ne doutait pas que M. D. ne fût charmé de cet évènement, et elle était bien décidée à s'arranger de façon qu'il ne soit plus, à l'avenir, question de billet. En effet le conseiller, tout en paraissant regretter de ne pas avoir le mari, faisait assez voir à la femme que sa présence était un dédommagement suffisant. On ne tarda pas à annoncer que le dîner était servi, et l'adroite coquette se laissa conduire à la salle à manger. On n'avait mis que deux couverts, et ils étaient placés tous deux du même côté. Cela n'échappa pas à madame Denesville, qui pourtant n'eut pas l'air de le remarquer, et le conseiller s'en applaudit. Il était décidé à brusquer les choses, persuadé que cette tactique était plus susceptible de succès : il avait raison, un Céladon soupire pendant longues années, et n'obtient rien ; il semble attendre qu'on lui dise : Osez ; mais si l'audace plaît aux femmes, elle n'aiment pas à le dire : près d'elles il faut agir d'abord, et raisonner ou déraisonner ensuite ; c'est la méthode qui leur plaît le plus; mais, je le répète, elles n'en conviennent jamais. Avis aux jouvenceaux avides des faveurs du beau sexe. M. D. n'était pas un jouvenceau, il s'en fallait de quelque chose; il savait parfaitement son monde, et pourtant il donnait de la meilleure foi du monde dans les piéges que lui tendait la beauté.... les femmes! elles tromperaient le diable en personne. Mais n'allons pas plus loin, je me permets quelques sorties qui ne sont pas toujours du goût du beau sexe. C'est un tyran qui aime à être flatté, et c'est pour cela qu'on répète sans cesse que la douceur et la bonté sont l'apanage des femmes.

Je disais donc que le conseiller

et madame Denesville dînaient tête-à-tête, et que le premier avait résolu de mettre à profit une circonstance qui pouvait ne se retrouver jamais. Pendant les deux premiers services, il avait souvent pris une des jolies mains de sa charmante convive; il y avait déposé quelques tendres baisers, dont on ne s'était pas plaint; on avait seulement retiré sa main, en minaudant le plus joliment du monde. Tout cela semblait présager le plus heureux succès; mais le conseiller hésitait encore, bien qu'il sentît que c'était l'instant d'agir. Quelques verres de champagne bus à propos opérèrent un très-bon effet. Le conseiller fut audacieux, il tomba aux genoux de la femme charmante, qui se mettait à la torture, pour rougir convenablement, elle laissa échapper les mots *fidélité, devoir*, etc., mots qui sont dans toutes les bouches; mais qui ne sont que des *mots*. M. D. savait encore tout cela aussi bien que moi; il se relève, ivre de désirs, prend dans ses bras la femme de son nouvel ami ; un sopha était là, et puis... fidélité... devoir... c'est affreux d'abuser ainsi de... et l'heureux conseiller n'eut bientôt plus qu'à mériter son pardon, et il se comporta assez bien pour l'obtenir.

Dênesville, seul dans son cabinet, n'ignorait pas ce qui se passait chez M. D.; mais il s'en consolait en pensant que cela lui valait deux cent mille francs, car on pense bien qu'il n'eut pas la sottise de parler davantage du billet. Il pensait qu'une pareille somme faisait au moins compensation, et qu'il y avait bien des maris qui consentiraient à être c... à ce prix. Il n'avait pas tort, et j'en connais bon nombre qui se contenteraient même de moitié. Tout cela était, on en conviendra, de puissans motifs de consolation.

Tandis que sa femme gagnait cet argent, il s'occupait des moyens de le faire valoir : il rédigea sa soumission, y joignit les échantillons, et envoya le tout au ministère de la guerre.

Les choses demeurèrent dans le même état pendant quelque temps. Le conseiller venait souvent voir son ami, et Julie lui ménageait de fréquentes entrevues avec madame ; Denesville ne l'ignorait pas, l'adroite soubrette faisait valoir ses prétendus services, et de riches et nombreux présens faisaient que madame Denesville ne se plaignait pas, et que tout le monde était content. La fourniture venait d'être adjugée à Denesville, et il s'apprêtait à faire des achats de toiles, très-considérables, lorsqu'un jour, un homme se présenta chez lui. « Monsieur, lui dit-il, j'ai appris que la fourniture de toile pour les armées vous était adjugée. — Cela est vrai, Monsieur. — Eh bien ! , Monsieur, je viens vous proposer de gagner trois cens pour cent sur cette fourniture. — Cela est un peu fort. — Cela, Monsieur, n'est pourtant point exagéré. La fourniture vous est adjugée pour quatre cent mille francs; je ne demande que le quart de cette somme pour en remplir les conditions; mais je demande moitié dans les bénéfices, attendu que mon industrie doit me valoir quelque chose. Je suis mécanicien, mais pauvre comme tous les artistes, car si j'avais eu des fonds, je n'aurais pas cherché d'associé. J'ai inventé une machine qui fait une aune de toile par heure, y compris le filage, et il ne faut qu'un homme pour la faire mouvoir. Avec les fonds nécessaires, je fais faire soixante machines; et en moins de deux ans, je fais ma fortune et celle de mon associé. Denesville convint que c'était une découverte précieuse ; mais il ajouta qu'il ne pouvait s'engager à quelque chose que lorsqu'il aurait vu la machine en question, et qu'il en aurait examiné les résultats. « Cela est très-juste, reprit M. Hugot (c'est le nom du mécanicien) et il est en même temps très-facile de vous satisfaire. Ce métier est monté chez moi, et si vous voulez m'honorer de votre visite, j'espère que vous serez satisfait. » Denesville accepta la proposition, et dit à M. Hugot qu'il était prêt à le suivre, attendu que cette affaire était assez importante pour qu'on s'en occupât sur-le-champ.

Il fit mettre les chevaux re Faubourg
Saint-Antoine, n° 60, dit M. Hugot au cocher. Et on ne tarda
pas à arriver au domicile du mécanicien. Il occupait le deuxième
étage ; son appartement n'était
qu'un vaste atelier, dans un coin
duquel étaient un lit et quelques
chaises, pour tout mobilier.
M. Hugot fit voir à Denesville
une espèce de coffre, d'environ
trente pieds, et large de six ;
c'était le métier de son invention :
il l'ouvrit un instant, afin de faire
voir qu'il n'y avait que des rouages
dans l'intérieur, ensuite il y plaça
quelques livres de chanvre, le
referma, fit tourner une petite
manivelle, et au bout de quelques
instans, on s'aperçut que la toile

sortait par une ouverture pratiquée à l'extrémité du métier. Denesville prit cette toile ; elle était belle, et paraissait de bonne qualité. Il revint chez lui avec le mécanicien ; celui-ci parle toujours de s'associer, ne veut pas de société, et il propose à M. Hugot cent mille francs de sa découverte, sous la condition que le mécanicien s'engagera à n'en plus faire usage. M. Hugot hésite, il tient beaucoup à sa découverte, et surtout à la faire valoir lui-même ; mais Denesville est décidé ; cent mille francs, ou il y renonce ; une pareille somme est une fortune pour un homme qui ne possède rien. M. Hugot accepte, à condition qu'il sera chargé de la confection des soixante métiers que Denesville se propose de faire construire. Comme cela demande un très-grand local, il est décidé qu'on établira la fabrique à quelques lieues de Paris, et, quelques jours après, un emplacement convenable fut loué à Longjumeau. L'acte de vente fut passé entre M. Hugot et Denesville, et les travaux commencèrent sur-le-champ. Le grand nombre d'ouvriers qu'on employa accéléra la confection des machines, et six semaines après la fabrique était en pleine activité. La présence du maître était indispensable. Denesville ne quittait presque pas Longjumeau, et le conseiller mettait sa longue absence à profit. J'ai dit que ce bon conseiller n'était pas de la première jeunesse; d'ailleurs il payait, et on ne peut raisonnablement aimer un homme qui paie. Madame Denesville sentait tout cela, et ne le sentait jamais mieux que lorsqu'elle voyait un jeune aide-de-camp qui occupait un appartement dans le même hôtel que cette sensible femme habitait. C'était un bel homme ; ving-cinq ans au plus ; il paraissait fort aimable, et madame Denesville le répétait sans cesse à Julie. Julie était une excellente fille, qui saisissait toutes les occasions de rendre service à sa maîtresse. Felix, c'était le nom du jeune militaire, avait quelquefois rencontré Julie dans l'escalier: Julie était une soubrette des plus jolies ; Félix était connaisseur, il avait fait des propositions, on avait accepté, et l'aide-de-camp avait, à plusieurs reprises, partagé le lit de la jolie soubrette, et cette dernière était charmée des procédés de son amant ; mais Julie n'était pas une femme ordinaire ; Félix plaisait à sa maîtresse, elle résolut de lui en faire le sacrifice. — « Comment trouvez-vous madame ? demanda-t-elle un jour à l'aide-camp. — Je ne l'ai vue qu'une fois, elle m'a paru fort jolie ; mais son mari est jeune et…. — Et cela ne l'empêche pas de vous trouver charmant. — Tu veux rire ? — Ce que je dis est à la lettre. Monsieur est jeune, à la vérité, mais il est si rarement

à Paris; et puis c'est un mari.....
— Et tu crois que..... — Moi ? je ne crois rien ; mais je dis seulement que madame trouve monsieur Félix charmant, qu'elle m'en parle quelquefois, que je renchéris encore sur le bien qu'elle en dit, et puis voilà tout. — Julie. — Monsieur. — Te chargerais-tu d'une lettre qui vaudrait dix louis au facteur ? — Est-ce qu'on peut vous refuser quelque chose ? Félix écrit une épître bien tendre, bien passionnée, et demande une entrevue ; il mourra si on le refuse, etc., etc. Julie prend la lettre, empoche les dix louis, et vole à l'appartement de sa maîtresse. — «Madame, M. Félix vous a vue. — Je le sais bien. — Il vous aime.

— J'en doute. — En voici une preuve. » Et elle présente la lettre. La figure de madame Denesville se couvre de l'incarnat le plus vif ; mais ce n'est pas la colère, c'est le plaisir qui produit cet effet. — « Il demande une entrevue... Mais, Julie, je ne peux accorder cela tout d'un coup. J'avoue que je le désire autant que lui ; mais je veux qu'il l'ignore. — Il y a moyen de tout concilier.— Comment cela ? — J'introduirai Félix dans votre appartement ce soir ; je lui dirai que vous avez refusé de le recevoir, que je risque, en le servant, à être chassée ; je le prierai de vous parler en ma faveur lorsqu'il sera heureux...... Ce projet vous convient-il?— Il est admirable.— Je

cours en commencer l'exécution. »
En effet, elle retourna vers l'aide-
de-camp, et lui dit avec un air bien
triste que madame refusait de le
recevoir. Cette contrariété redou-
bla les désirs du jeune homme ;
deux jours avant, il ne pensait
pas à madame Denesville, et maintenant il en était fou. Julie feignit
de prendre part à sa disgrâce, et
lui offrit de l'introduire dans la
chambre à coucher de sa maîtresse.
Félix accepte sans balancer. Julie
observe qu'elle s'expose à se faire
chasser : elle prie le jeune fou
d'intercéder pour elle, dans certain moment où on ne sait rien refuser. L'officier promet tout, donne
dix autres louis, et, à dix heures
du soir, il est conduit dans un

cabinet qui touche à l'alcove de madame Denesville. Il n'attendit pas long-temps. La charmante coquette, dont les désirs étaient pour le moins aussi vifs que ceux de Félix, se retira de bonne heure: elle se fait déshabiller, et le jeune militaire peut, à travers la porte vitrée qui le sépare de la chambre, contempler à loisir les formes les plus voluptueuses. Son sang bouillonne, sa tête brûle. Enfin la femme de chambre se retire. Une chemise de batiste transparente était le seul voile qui couvrait encore madame Denesville, elle allait se mettre au lit; le jeune fou n'y tient plus, il s'élance hors de sa retraite, et vient tomber aux pieds de celle dont les charmes ont embrasé ses sens. Madame Denesville joue la frayeur, pousse un petit cri; menace de sonner. Félix ne répond rien, il est incapable de lier deux idées : il prend dans ses bras sa voluptueuse conquête, lui ferme la bouche, avec des baisers de feu, et bientôt sa victoire fut complète.

Dès ce moment tout fut pour le mieux. On avait quelques complaisances pour le conseiller, qui était de plus en plus généreux, et on se dédommageait dans les bras de l'officier du dégoût qu'on éprouvait à se livrer au bon D.

Tandis que ces divers évènemens se passaient, Denesville ne quittait presque point sa fabrique, qui était dans la plus grande activité. Il avait déjà expédié une grande quantité de toile, son magasin en était plein, et il se disposait à expédier tout ce qu'il contenait, lorsqu'un évènement affreux vint anéantir tous ces projets. Un incendie, causé par l'imprudence d'un ouvrier, se manifesta dans sa fabrique; tous les secours furent inutiles, le feu, alimenté par une immense quantité de matières combustibles, fit des progrès effrayans, et, en moins de six heures, ses ateliers, ses magasins, tout ne fut plus qu'un monceau de cendres. Denesville était ruiné; mais il ne perdit pas courage ; il comptait sur le conseiller pour réparer ses pertes immenses. Hélas! il ignorait que la main du malheur le frappait de tous côtés. Le jour même de ce désastre, M. D... s'était présenté chez madame Denesville. Julie, contre son habitude, n'était pas dans l'antichambre : le conseiller passe outre, il arrive à la chambre à coucher, en ouvre la porte.... O surprise ! madame Denesville dans les bras d'un jeune officier ! M. D. s'emporte, on lui rit au nez, il menace, et Félix lui jure que s'il ne veut pas sauter par les fenêtres, il est temps qu'il se retire. Le conseiller est furieux ; mais comme il n'est pas disposé à sauter par la fenêtre, il va se retirer, lorsque Denesville paraît. Monsieur, lui dit le conseiller, que la colère suffoquait, vous me devez cent mille francs. C'est vrai, monsieur, mais vous me devez les faveurs de ma femme. D'ailleurs, je suis ruiné, le feu a consumé tous mes magasins et ma fabrique; il ne me reste rien, absolument rien. » A ces mots, le conseiller sortit, et Félix le suivit de près, attendu qu'il était bien aise d'éviter une explication. A ces mots : Je suis ruiné, madame Denesville était tombée évanouie, et elle ne reprit ses sens que pour entendre les reproches dont son mari l'accablait. Sans son infâme conduite, lui disait-il, la bourse du conseiller lui eût été ouverte, et il eût pu se relever; mais maintenant, il ne lui reste aucune ressource.

« Monsieur, lui dit-elle, après l'avoir écouté quelque temps, je n'ai consenti à revenir avec vous que parce que j'ai cru que vous étiez devenu raisonnable. Je me suis trompée, je vous laisse. » En parlant ainsi, elle s'empara de ses bijous, ordonna à Julie de faire quelques paquets, fit avancer un fiacre, partit avec sa femme de chambre, sans que Denesville, écrasé par le malheur, songeât à l'en empêcher.

Cependant le tapissier, à qui Denesville n'avait payé que moitié des meubles qu'il lui avait achetés, et le propriétaire, auquel il devait un terme, ayant appris qu'il était ruiné, présentèrent l'un son mémoire, et l'autre sa quittance ; et comme Denesville ne pouvait payer, ils firent saisir les meubles, chacun de son côté. Pour comble de malheur, il reçut du ministre une lettre foudroyante; les toiles fabriquées au moyen de ses mécaniques ne valaient rien ; elles n'étaient, quoique fort grosses, pas plus fortes que la plus mince ousseline, et, comme elles n'étaient pas pareilles aux échantillons, son excellence menaçait de poursuivre le fournisseur. Cette lettre acheva de tourner la tête au pauvre mari ; il prit à la hâte environ mille écus qui lui restaient, et il quitta l'hôtel, sans trop savoir où il allait. A force de marcher, la faim et la fatigue le forcèrent de s'arrêter, et il commença à réfléchir sur sa triste situation. Il se rappela les dernières paroles

de Moreau : *Tout cela finira mal.*
« Suis-je assez malheureux, se disait-il, me voilà ruiné pour la troisième fois, et sans espoir de de me relever jamais de cette dernière chûte : j'ai eu des préjugés, et je me suis ruiné, je me suis fait philosophe et me voilà ruiné de nouveau. Que faut-il donc faire pour fixer cette inconstante fortune ? » Dans ce moment il aperçut l'enseigne d'un restaurateur, et comme son estomac lui faisait sentir qu'on ne vit pas de réflexions il entra et se fit servir à dîner. En mangeant, il réfléchissait encore, et pensait toujours à ce bon Moreau, à ce vieux et fidèle serviteur : il se rappela qu'il lui avait dit les larmes aux yeux : *La*

maison de Moreau sera toujours la vôtre. Il est presque tenté de retourner en Champagne ; mais il se rappelle qu'il possède à peine mille écus, et que le bon vieillard n'est pas riche ; d'ailleurs il n'est pas impossible, il est même probable que Moreau sait la conduite qu'il a menée ; et comment paraître sans rougir devant un honnête homme, lorsqu'on est bourrelé de remords ?....... Quelques journaux se trouvent sous sa main : « Voilà, se dit-il, en prenant les Petites Affiches, ce journal qui me servit si bien dans une circonstance, où la fortune m'avait abandonné : voyons ; s'il se trouvait quelque place de régisseur, d'intendant, je m'y présenterais. Un homme doit avoir un caractère ferme, et s'élever constamment au-dessus de l'adversité. Eh bien ! j'aurai cette fermeté-là, j'obéirai, puisque je ne peux plus commander ; et en parlant ainsi, il feuilletait le petit journal. Point de place de régisseur ; on demandait beaucoup de places, et fort peu de sujets. Denesville allait rejeter la feuille avec humeur, lorsque ses regards s'arrêtèrent sur un article qui annonçait qu'un homme d'affaires désirait vendre son étude; sa clientelle était nombreuse, et il ajoutait qu'il donnerait toutes les facilités pour payer. « Parbleu ! se dit notre héros, je me souviens quelque peu de mes cours de droit, j'ai envie de voir cet homme. En faisant les affaires des autres, il est bien rare qu'on ne fasse pas les siennes propres : je changerai de nom, je prendrai celui de Darias, que portait le père de ma mère : que mon propriétaire et mon tapissier s'accommodent comme ils l'entendront ; d'ailleurs je laisse des meubles pour plus que je ne leur dois. Quant au ministre, qu'il fasse de ma toile tout ce qu'il en voudra faire, je la lui laisse en toute propriété. Je vais chez M. Robert (c'est le nom de l'homme d'affaires), je lui offre deux mille francs de son étude ; je me livre tout entier à mon nouvel état ; ma clientelle devient plus nombreuse encore ; j'amasse une petite fortune, et je passe le reste de mes jours dans l'aisance. Ma femme, au contraire, brillera quelque temps encore; mais quand l'âge chassera la beauté, elle apprendra à connaître la misère, et je me garderai bien de la secourir, elle qui m'abandonne quand le malheur me frappe.

Son dîner achevé, Denesville paya, et se rendit dans la vieille rue du Temple; c'était là que demeurait M. Robert, notre héros se présenta chez lui. C'était un vieillard respectable. Monsieur, dit-il à Denesville, il y a quarante ans que je fais les affaires d'un bon nombre de gens, qui n'ont jamais eu à se plaindre de moi, et je vous avoue que je ne pourrais traiter avec un homme dont la moralité ne serait pas connue, car ce n'est pas ma confiance seulement que je donnerai à mon successeur, mais encore celle de tous mes cliens. — Monsieur, répondit notre héros, le nom de M. Denesville est avantageusement connu. — Oui, Monsieur, c'était un grand avocat, dont l'éloquence a rendu les plus grands services à l'humanité, et je me fais honneur de l'avoir connu particulièrement.— Eh bien, Monsieur! cet homme était mon oncle. — Je vous félicite, Monsieur, de compter un tel homme au nombre de vos aïeux; mais les neveux ne sont pas toujours fidèles imitateurs des vertus de leurs oncles, Monsieur ne trouvera pas mauvais que je me procure quelques renseignemens. D'ailleurs j'aurai l'honneur de me présenter chez Monsieur, s'il veut bien me laisser son adresse. Denesville était humilié de la défiance du vieillard ; il allait lui répondre quelque chose de peu obligeant; mais il ne put s'empêcher de convenir que cet homme avait raison ; et comme il ne pouvait le satisfaire, puisqu'il n'avait plus de domicile, il lui donna une adresse imaginaire, et se retira. Me voilà donc réduit à ne pouvoir plus me nommer? disait-il en sortant de chez le vieux Robert. Ah! Moreau, tu l'as bien dit : tout cela finira mal. Je suis tenté de croire que ta prédiction m'a porté malheur. Voyons un peu, que vais-je devenir ; j'ai mille écus, mais une aussi faible somme est bientôt épuisée, et si je ne trouve pas le moyen de la faire valoir, je serai bientôt réduit à la mendicité. Tout en raisonnant de la sorte, il marchait toujours, car il n'avait pour lors rien de mieux à faire. Tout-à-coup une longue file de voiture vint lui barrer le chemin, il lève la tête, et s'aperçoit qu'il est en face de la Comédie Française. — Parbleu ! se dit-il, entrons; le prix d'un billet de parterre ne me rendra guère, et ce que je verrai là pourra me donner quelqu'idée. Il entre, la salle était pleine ; on donnait le Médecin malgré lui, et la première représentation d'une comédie en cinq actes. Cette dernière eut un grand succès : l'auteur, demandé après la représentation, fut salué d'une triple salve d'applaudissemens. Cependant, Denesville n'était pas de l'avis de la majorité, ou de ce qui lui paraissait être la majorité; il avait trouvé le dialogue froid et verbeux; les détails insignifians, et l'intrigue d'une absurdité épouvantable. Il en parla à quelques personnes, qui étaient près de lui, et fut très-étonné de voir qu'elles pensaient comme lui. « Comment donc se fait-il que cette ennuyeuse comédie ait réussi ? — Cela, Monsieur, s'explique facilement; la moitié des spectateurs ont des billets d'auteur, et les trois quarts du parterre sont composés de misérables, payés pour applaudir à tort et à travers. Voilà comme on réussit maintenant; il faut qu'une pièce soit bien mauvaise, ou un auteur bien maladroit s'il ne réussit pas. Denesville était fort étonné de ce qu'il entendait : que dirait-il maintenant, s'il savait qu'à la première représentation d'un opéra, il n'assiste pas cent cinquante spectateurs payans. — En ce cas, Monsieur, dit-il encore à son voisin, je suis surpris que tous les auteurs dramatiques soient si pauvres ; puisqu'ils réussissent aussi facilement, ils devraient faire fortune. — Et c'est précisément ce qu'ils font, Monsieur. Autrefois les auteurs étaient pauvres ; maintenant il en est peu qui ne soient riches, et tel petit vaudeviliste qui, il y a cinquante ans, fût mort de faim, vient aujourd'hui au théâtre dans son cabriolet. Denesville réfléchissait profondément sur tout ce que venait de lui dire son voisin. « Si cela est ainsi, se dit-il, rien ne m'empêche de faire fortune comme ces Messieurs, car je me sens, pour le moins, capable de faire une comédie de la force de celle que je viens de voir. » Le spectacle étant fini, Denesville entra dans le premier hôtel garni qui se trouva sur son passage, et loua un petit appartement; il était si plein de l'idée de se faire auteur dramatique, qu'il voulut mettre la main à l'œuvre sur-le-champ. — Voyons, que ferai-je d'abord ? une comédie en cinq actes ? non, cela est un peu trop long, et il me tarde de voir comment mes productions seront accueillies, et puis ces comédiens du Théâtre Français sont si indolens! ils laisseront ma pièce dans les cartons, et me feront peut-être la grâce de penser à moi dans quelques années; et quand on n'a que mille écus, on ne peut attendre bien long-temps. Que ferai-je donc? la même difficulté existe pour les tragédies.... Parbleu! je tourne passablement un couplet, faisons un vaudeville. Et le voilà, mettant du noir sur du blanc, rimant un couplet, etc. Le second jour, sa pièce fut achevée, le troisième, il la relut, la corrigea, et le quatrième il fut la porter au directeur du Vaudeville. Denesville était fort bien mis; aussi fut-il bien reçu par M. le directeur, qui lui promit de faire lire sa pièce le plus promptement possible, et lui dit que s'il voulait se donner la peine de revenir au bout de trois jours, il saurait ce que le juri aurait décidé. Denesville augura bien de l'affabilité du directeur; il se croyait presque certain de réussir, car il convenait modestement avec lui-même qu'il n'avait pas encore vu de vaudeville qui valût le sien. Néanmoins il attendit impatiemment que le temps fixé arrivât, et le quatrième jour, il ne manqua pas de se présenter chez le directeur. — « Monsieur, lui dit celui-ci, votre pièce est reçue à corrections ; et, pour vous parler franchement, eût-elle été dix fois meilleure, qu'on ne l'eût pas traitée autrement. Il y a une douzaine d'auteurs, tels que messieurs M., T., D., P., etc., que vous connaissez sans doute de réputation : ces Messieurs nous fournissent autant de pièces nouvelles que nous pouvons en représenter, et ces Messieurs-là, à mérite égal, ont toujours la préférence, parce que nous les trouvons toujours au besoin. Vous paraissez réunir toutes les qualités nécessaires pour faire partie de leur aimable société, et c'est vous donner un conseil salutaire que de vous engager à communiquer votre ouvrage à plusieurs d'entre eux. A la suite d'un déjeûner, vous leur lirez votre pièce : vous aurez soin que le champagne ne manque pas pendant la lecture; on fera quelques petites corrections, l'un d'eux accolera son nom au vôtre, et dès-lors vous ferez partie de leur joyeuse société, ce qui n'est pas à dédaigner; car ces Messieurs vivent aussi bien, et beaucoup plus gaiement que des princes. » Le directeur parlait encore, lorsque M. M., l'un des auteurs-sociétaires, parut; le directeur lui apprit de quoi il s'agissait, et lui montra la pièce. — « Monsieur, dit M. M. à Denesville, je serai, si vous le désirez, votre collaborateur, et je me charge, après le succès de l'ouvrage, de vous faire recevoir membre de notre petite société. » Denesville répondit qu'il acceptait avec reconnaissance, et il invita l'honnête M. M. à déjeûner, ce que celui-ci accepta de fort bonne grâce. D'après les instructions du directeur, Denesville ne ménagea pas le champagne, et tout arriva comme il l'avait prévu. On changea quelques couplets, on corrigea quelques fautes de style : en moins de huit jours, les rôles furent distribués, appris, et la pièce représentée; mais le beau de l'histoire fut qu'elle réussit complètement : un grand nombre de couplets furent répétés au milieu des applaudissemens, et les noms des auteurs accueillis par les bravos de toute la salle. On pense bien que, pour se faire joùer aussi promptement, Denesville avait fait une terrible brèche aux mille écus; mais il en était bien payé par le succès. La pièce fut jouée trente fois de suite, tous les grands théâtres de province la montèrent, et les droits d'auteurs ne laissaient pas que de rapporter beaucoup d'argent. Denesville était ivre de gloire : enfin, il fut présenté à la société des fabricans de vaudevilles, parodies, etc., et il en fut nommé membre à l'unanimité. C'est une singulière association que celle de ces hommes d'esprit : ils se rassemblent tous les jours dans le lieu ordinaire de leurs séances ; ce lieu est, ou un café, ou le salon d'un restaurateur. Le directeur avait bien raison de dire que ces Messieurs vivaient comme des princes, et sur-tout beaucoup plus gaiement. Un énorme bole de punch est placé sur une table, et sur une autre sont des plumes, du papier et de l'encre. Après s'être corroboré de quelques verres de punch, le président fait un petit discours dans lequel il parle de la chûte ou du succès des pièces, du bénéfice que chacune d'elles rapporte, et il termine ordinairement par proposer le sujet d'un nouvel ouvrage. Alors, tous les membres de la société se tourmentent le cerveau pendant quelques instans : chacun d'eux fait une scène de l'ouvrage, l'un accouche d'un couplet, l'autre d'une ronde ; celui-ci fait un calembourd qui doit faire le succès de la pièce, et celui-là s'occupe du vaudeville final. En moins de trois heures, le chef-d'œuvre est terminé, et celui des sociétaires qui est de semaine porte l'ouvrage au théâtre ; si le Vaudeville le refuse, ce qui est très-rare, et qu'il ne soit pas assez bête pour être reçu aux Variétés, l'Ambigu-Comique ou la Gaieté en fait son profit, de sorte que, quoi qu'il arrive, ces Messieurs ne perdent jamais leur peine.

Denesville s'accoutumait fort au genre de vie qu'il menait ; et il est vrai qu'il n'était guère possible de ne pas se plaire en si bonne compagnie : on buvait, on riait, on racontait des anecdotes piquantes, et on gagnait beaucoup d'argent. Il faudrait être bien difficile pour ne pas s'accommoder de tout cela. Un jour que les sociétaires manquaient de matériaux, — «Parbleu! dit l'un d'eux, assez mauvais plaisant, que chacun de nous raconte quelques épisodes de sa vie ; je suis bien sûr que cela nous fournira des canevas pour bon nombre de vaudevilles fort amusans. » La proposition, mise aux voix, fut acceptée, et M. P., qui en était l'auteur, commença le premier.

Mon père était un honnête marchand de draps ; il habitait Rouen, sa patrie, aussi bien que la mienne. Mon père était la bonté même, mais il s'en fallait de quelque chose que ma mère fût une bonne femme; elle criait sans cesse, n'était jamais contente, et tourmentait mon père de préférence à tout autre. Le bon marchand était accoutumé à l'humeur de sa très-chère moitié, et ne tenait pas le moindre compte de ses criailleries : dès qu'il entendait que l'orage commençait à gronder, il prenait fort tranquillement sa canne et son chapeau et allait faire un tour à la bourse ; de là il se rendait au café de la comédie, y faisait sa partie d'échecs, et revenait au logis, lorsqu'il présumait que la bourasque était passée. Il était presque certain qu'à son retour les cris se renouvelleraient ; mais ce n'était jamais avec la même violence, et puis, la tête échauffée par quelques verres de punch, liqueur que mon père aimait pour le moins autant que je l'aime moi-même, il se sentait plus de courage pour braver la tempête. Depuis vingt ans il menait ce genre de vie, disputant sans cesse, et s'aimant sans cesse, à ce qu'ils disaient à tout le monde. Vingt ans, dis-je, s'étaient écoulés, lorsqu'un jour ma chère mère s'avisa de faire l'aimable, ce qui pouvait bien passer pour un miracle; mais enfin elle était de bonne humeur ce jour-là, et mon père en était enchanté. Or, il est bon de vous dire que c'était un samedi que ma mère avait choisi pour faire cet œuvre méritoire, et vous allez en savoir les motifs. Non loin de nous demeurait un vieux marchand de laine; il avait une fille laide, bête, dévote, et par conséquent très-méchante; je ne sais si toutes ces qualités avaient séduit ma mère; mais elle avait résolu de me marier à mademoiselle Angélique Vaillant, c'était le nom de cette aimable personne, et bien que je n'eusse encore que dix-neuf ans, elle m'en avait déja dit quelque chose. La manière dont vivaient mes chers parens ne m'avaient pas donné, comme vous pouvez bien le penser, une opinion très-flatteuse des douceurs de l'union conjugale, et je pensais que si mademoiselle Angélique devenait ma tendre moitié, notre ménage pourrait bien être un abrégé de l'enfer. J'avais donc répondu que je ne me sentais encore aucune disposition pour le mariage ; mais ma mère n'était pas femme à renoncer ainsi à ses projets. Elle avait arrangé cette affaire avec M. Vaillant, et ce dernier, enchanté de trouver à se débarrasser de sa laide fille, pressait l'exécution des conventions ; mais il fallait que mon père consentît à tout cela, et voilà précisément pourquoi ma très-honoré mère était aimable ce jour-là. « Mon bon, dit-elle à mon père, en l'embrassant, vous connaissez M. Vaillant, c'est un honnête homme, un riche marchand ; sa fille, qui a toutes les qualités d'une bonne femme de ménage, serait un très-bon parti pour notre Charles : j'en ai dit quelque chose à M. Vaillant, qui ne demande pas mieux que d'unir ces deux enfans.

Depuis vingt ans que nous sommes ensemble, mon cher, nous n'avons jamais fait ensemble aucune partie de plaisir ; mais si

vous le voulez, nous en ferons demain une fort agréable. Vous savez que M. Vaillant a une petite maison de campagne à Belbeuf ; il nous a invités à venir y dîner demain, afin de régler l'importante affaire dont je vous parlais tout-à-l'heure. Moi et mon fils nous irons en fiacre, et vous viendrez nous rejoindre sur votre jument. La pauvre bête, depuis huit jours que vous l'avez achetée, elle n'est pas encore sortie de l'écurie, elle ne sera pas fâchée non plus de faire ce petit voyage. »
Mon père ne savait rien refuser à sa chère moitié, même lorsqu'elle criait ; à plus forte raison quand elle était aimable, ce qui, malheureusement, n'arrivait qu'en-

viron une fois tous les vingt ans. Mon père, dis-je, promit tout ce qu'on voulut, et il ne fut question, pendant le reste de la journée, que du voyage à Belbeuf. On ne m'avait pas instruit du motif de ce voyage; mais je savais que M. Vaillant avait une propriété dans ce village; je devinai de quoi il était question, et je me promis bien de ne rien négliger pour déplaire à mademoiselle Angélique, afin qu'elle renonçât elle-même à l'honneur de porter mon nom; car je ne me sentais pas le courage de braver ouvertement la volonté de mes parens; mais, d'un autre côté, je ne pouvais penser, sans trembler, que mademoiselle Vaillant serait ma femme.

Le lendemain, dès le matin, on fit tous les préparatifs du départ. A neuf heures, on fit avancer un fiacre; nous *nous y* plaçâmes, moi et ma bonne mère, car elle était réellement bonne ce jour-là, et nous ne tardâmes pas à arriver à Belbeuf, attendu que ce village est peu éloigné de la ville. Nous fûmes très-bien reçus par M. Vaillant, qui faisait préparer un très-beau dîner chez le traiteur de l'endroit; ce dîner devait être servi dans le jardin de M. Vaillant, sous un berceau de tilleuls, où la table était déjà dressée. Tous ces préparatifs nous promettaient une petite fête champêtre très-agréable, et ma mère paraissait enchantée de tout ce qu'elle voyait : jamais elle n'avait été aussi gaie, aussi aimable. Je remarquai que mademoiselle Angélique avait fait de grands frais de toilette; mais cela ne servait qu'à lui donner l'air encore plus gauche que de coutume, et ce n'est pas peu dire. Je me pinçais les lèvres pour ne pas rire en voyant toute la peine qu'elle se donnait pour fixer mon attention, et, fidèle à la promesse que je m'étais faite, j'affectais de ne la point regarder, ce dont, j'en suis bien sûr, elle enrageait de tout son cœur ; mais pourquoi, laide, sotte et méchante.

comme elle était, prétendait-elle encore à la main d'un homme plus jeune qu'elle d'un lustre entier ?

Cependant l'heure de se mettre à table approchait ; on n'attendait plus que mon père, et tout le monde était sur le balcon pour voir arriver M. P. de plus loin. Mon cher père, qui avait été retenu par quelques affaires, n'était parti de Rouen qu'à deux heures. Le bonhomme n'était pas monté à cheval dix fois dans sa vie ; il s'était bien promis de ne pas souffrir que la monture allât autrement qu'au pas ordinaire, et par conséquent il ne voulait pas faire usage d'une paire d'épérons, qui n'étaient après ses bottes que pour la forme seulement; mais à peine eut-il enfourché sa jument, que celle-ci, qui depuis huit jours n'avait pas pris l'air, se mit à trotter. M. P., que cette allure n'accommodait pas, voulut la modérer; mais inhabile à manier la bride, il n'y put réussir: sa monture au contraire n'en trottait que plus fort, et, à chaque instant, mon père était menacé de perdre l'équilibre. Pour éviter ce malheur, il se cramponna aux crins, et serra fortement les flancs de l'animal, qui se mit à courir encore plus fort; plus la jument doublait de vitesse, plus M. P. la serrait dans ses jambes, car dans sa détresse, il avait oublié que ces bottes étaient armées d'éperons.

Cependant il approchait de sa destination ; déjà nous l'apercevions, et lui-même n'était pas moins satisfait de voir le terme d'une course qui le fatiguait horriblement. Il espérait que la jument allait s'arrêter à l'entrée du village. Vain espoir ! Cette bête avait appartenu à un cultivateur qui demeurait à deux lieues de là ; accoutumée à suivre cette route, elle continua d'emporter son cavalier avec la même vitesse, et ne s'arrêta que lorsqu'elle fut arrivée chez son ancien maître. Celui-ci fut très-surpris de voir arriver chez lui M. P., qu'il connaissait, mais à la visite duquel il était loin de s'attendre. Mon père le mit au fait en lui racontant l'aventure ;

et le cultivateur, après l'avoir forcé de se rafraîchir, aida le malencontreux écuyer à se remettre en selle. Mon père tourna bride ; mais les mêmes causes produisirent bientôt les mêmes effets, car M. P. n'avait pas quitté ses éperons, et la jument recommença à l'emporter aussi rapidement qu'elle avait déjà fait. Bientôt le cavalier et la monture traversèrent de nouveau le village de Belbeuf : nous étions encore sur le balcon ; chacun de nous mourait de faim, et nous espérions que cette fois, au moins, l'impitoyable jument ne s'aviserait pas de passer outre ; mais elle ne cessa de courir, sans que les villageois pussent parvenir à l'arrêter.

L'un d'eux se mit à courir après, en criant : arrête ! arrête ! et le poursuivit ainsi l'espace d'un quart-de-lieue. Des gendarmes, qui passaient près de là, entendant ces cris, s'imaginèrent qu'on poursuivait quelque voleur : ils poussèrent leurs chevaux, et comme ils étaient très-bien montés, ils atteignirent bientôt M. P. et le conduisirent en prison. En vain ce brave homme assurait-il qu'il était un honnête marchand de la rue des Carmes ; on s'assura de sa personne, jusqu'à ce qu'il eût prouvé que ce qu'il disait était vrai. Cependant, ne concevant rien à la fantaisie de son mari, car, aussi bien que nous, elle ignorait que ce fût malgré lui que son cheval l'emportât, ne concevant rien, dis-je, à la fantaisie de son mari, ma chère mère prit de l'humeur, beaucoup d'humeur, et il fut convenu qu'on dînerait toujours en attendant. Depuis mon arrivée à Belbeuf, je n'avais pas manqué de saisir toutes les occasions qui pouvaient donner à mademoiselle Angélique la plus mauvaise opinion de mon esprit, et de mon éducation. Étant encore sur le balcon, je m'avisai de bailler; ma prétendue me demanda si j'avais besoin de prendre quelque chose. — « Oh! non, mademoiselle, lui répondis-je; mais je n'aime pas la campagne, et je m'ennuie. » Mademoiselle Angélique me parut fort mécontente de cette naïveté, et, de mon côté, je m'applaudis de l'avoir risquée. En lui prenant la main pour la conduire à table, je déchirai la dentelle qui garnissait la manche de sa robe, et en marchant près d'elle, je feignis de faire un faux pas, et lui marchai sur le pied, mais avec tant de force, qu'elle poussa un cri perçant. Je crus m'apercevoir dès-lors qu'elle me regardait de travers, et je me promis bien de n'en pas rester là. On se mit à table, et, comme de raison, je fus placé à côté de mademoiselle Angélique. J'en fus charmé, à cause du tour que je lui réservais pour le dernier. Je fis mille gaucheries pendant le premier service. Bientôt la table fut chargée d'une

quantité de mets de toutes espèces ;
en me levant pour offrir à ma
mère d'une tourte qui était placée
devant moi, j'eus soin de faire
tomber ma chaise sans avoir l'air
de m'en apercevoir ; puis, venant
pour me rasseoir, et ne trouvant
plus d'appui, je tombai à la renverse, entraînant avec moi, la
nappe, et tout ce qui était sur la
table ; une saucière tomba sur
ma serviette, et une bouteille de
vin étant tombée sur ma voisine,
inonda sa robe de soie : aussitôt,
sous le prétexte de réparer ce petit
malheur, je me mis à essuyer la
robe, avec ma serviette encore
toute trempée d'huile. Mademoiselle Vaillant se mit dans une colère épouvantable, quand elle vit

que je couvrais de graisse sa plus belle robe ; M. Vaillant parut fort mécontent, et ma mère me traita de maladroit, d'imbécille, etc., etc. J'avais une terrible envie de rire ; mais je faisais tous mes efforts pour ne pas éclater. Enfin on acheva de dîner tant bien que mal, et nous repartîmes pour Rouen sans avoir rien conclu, et fort étonné que M. P. était parti si vîte de Belbeuf. Nous le retrouvâmes à la maison, car il avait facilement prouvé qui il était, et n'était pas resté en prison. Il nous raconta comme quoi sa jument n'avait pas voulu s'arrêter à Belbeuf. Ma mère s'emporta contre la jument, contre mon père, contre moi ; elle prétendit qu'on conspirait contre sa tranquillité, et jura que j'épouserais mademoiselle Angélique. Mon père, qui, j'ai oublié de vous le dire, était passablement superstitieux, prétendit, lui, qu'il était évident que quelque chose de surnaturel s'opposait à cette alliance; que le refus que sa jument avait fait de s'arrêter était un avertissement du ciel, dont on devait profiter; il jura qu'il ne donnerait jamais son consentement pour ce mariage. Ma mère continua à crier, mon père continua à s'en moquer, et mademoiselle Angélique Vaillant est encore fille.

Ainsi finit le récit de M. P. Parbleu! s'écria un de ses confrères, votre père, avec sa superstition, me rappelle certaine aventure que je vais raconter.

Mon père, M. Longuemain, était un honnête avocat de la bonne ville de Falaise, qui m'a vu naître. C'était un très-honnête homme, qui plaidait comme un ange, à tant par heure, et il s'était fait une clientelle très-nombreuse, dans ce bon pays où, quoi qu'en disent les mauvais plaisans, on ne plaide pas plus que dans un autre. Nous avions pour voisin un vieux rentier nommé Dupérier. Cet homme-là n'était pas un très-aimable voisin ; mais mademoiselle Agathe, sa fille, était bien le plus joli bouton de rose qu'on pût voir, et j'étais fort tenté de le feuilleter ; mais cela présentait de grandes difficultés. Je crus les lever en faisant consentir mon père à demander la main d'Agathe pour moi ; mais je ne connaissais pas encore M. Dupérier. Ce bon homme avait une singulière opininon des avocats : il prétendait que c'était les associés du diable ; qu'ils étaient sorciers ; qu'ils allaient au sabat, et quantité d'autres choses de la même force. Je sus tout cela par quelqu'un de ses amis ; car il s'était borné à répondre à mon père qu'il ne voulait pas marier sa fille avec le fils d'un avocat, parce que cette profession lui déplaisait. Et puis qu'on nous disent que les Normands sont plaideurs !

Cependant, chaque jour je

voyais Agathe, et elle me semblait toujours plus séduisante. J'avais trouvé le moyen de lui faire remettre de tendres épîtres, auxquelles elle ne tarda pas à répondre. Ma maîtresse n'avait pas la même opinion des avocats que monsieur son père ; elle ne leur faisait pas l'honneur de les prendre pour des diables, ou bien elle ne paraissait pas craindre beaucoup les habitans de l'enfer, car je remarquais qu'elle me regardait avec plaisir ; le feu du désir brillait dans ses yeux, et je pouvais croire, sans trop de présomption, que les suppôts de Satan, de la façon de monsieur son père, lui inspiraient plus d'amour que de frayeur. Je pouvais donc espérer d'être heureux, en dépit du seigneur Dupérier, grand antagoniste des diables et de ceux qui leur ressemblaient. Mon père, piqué du refus que le rentier lui avait fait de la belle Agathe, m'avait enjoint de n'y plus penser, et de songer à faire un autre choix; mais je le priai de vouloir bien attendre quelque temps encore, ajoutant que monsieur Dupérier pourrait se repentir d'avoir refusé son alliance, et qu'il pouvait bien arriver qu'il vienne lui-même lui en faire ses excuses. J'avais mes raisons pour tenir ce langage ; mon cerveau, à force de se tourmenter, afin de trouver quelqu'expédient qui pût favoriser mes amours, était accouché d'un tout petit projet, que je devais mettre bientôt à exécution, et qui devait, selon moi, forcer le père d'Agathe à m'accorder la main de cette dernière. Il ne s'agissait de rien moins que de persuader à M. Dupérier que, s'il ne s'empressait de marier sa fille avec le fils de son voisin l'avocat, monseigneur Lucifer, qui n'entendait pas raillerie, prendrait tout simplement la peine de lui tordre le cou, pour lui apprendre à vivre. Je parvins facilement à faire consentir Agathe à me recevoir dans sa chambrette; il m'était facile de pénétrer jusque-là sans trouver le moindre obstacle; nos maisons se touchaient, le toit qui les couvrait formait une pente douce, et peu dangereuse à parcourir; je pouvais donc passer de notre grenier à celui de M. Dupérier, de là descendre à la chambre de ma charmante amie, et pénétrer ensuite jusque dans la chambre à coucher du seigneur Dupérier, mais je ne voulais paraître chez lui qu'avec tous les attirails de l'enfer, et voici comment j'exécutai ce beau projet. Je m'affublai d'une robe de mon père; je me fis une ceinture avec la chaîne du tournebroche, et me coiffai d'un bonnet carré que je frottai de phosphore. Dans cet équipage, et tout le monde paraissant profondement endormi, je me mis en campagne, et ne tardai pas à me trouver dans les bras de mon Agathe, qui ne put s'empêcher de rire de mon costume diabolique : je lui dis que, tout diable que j'étais, je ne connaissais pas les feux de l'Enfer; mais que ceux de l'amour me consumaient, et que ses beaux yeux avaient allumé cet incendie qui ne s'éteindrait jamais. C'est ainsi qu'on parle en amour : *jamais* et *toujours* sont l'âme de la conversation de deux amans : il est rare que cette éternité soit bien longue ; mais quand on prononce ces mots charmans, c'est presque toujours de la meilleure foi du monde, et si on est si tôt disposé à violer les plus doux sermens, il faut s'en prendre à la nature humaine, qui veut qu'il en soit ainsi. « — Peste ! M. Longuemain, s'écria un des sociétaires, voilà des dissertations morales d'un haut intérêt sans doute; et je tiens pour certain que cela figurerait aussi bien dans le sermon d'un curé de village que dans le discours d'un momussien. » A cette boutade, tous les membres de la société partirent d'un éclat de rire ; le narrateur, qui était le plus prolixe de la société, soutint qu'une narration devait toujours être accompagnée de quelques réflexions. Chacun convint que ceux du narrateur n'en manquaient jamais, et qu'il en faisait pour toute la société. En pareille compagnie, on n'est jamais à l'abri d'une épigramme ; le narrateur le savait ; mais il avait le bon esprit de ne s'en point fâcher, sauf à rendre la pareille à la première occasion, et à railler le railleur à son tour. Il continua ainsi. « Agathe ne fit pas difficulté de croire mon amour éternel; elle ne consentit pas aussi facilement à me donner les plus douces preuves du tendre retour. Quoi qu'il en soit, fillette qui consent à recevoir son amant la nuit, ne peut longtemps lui tenir rigueur. Quelques baisers de feu furent échangés, et bientôt... tendres soupirs... Je suis au comble de mes vœux les plus doux et les plus ardens.

Cependant, je ne m'étais pas afflublé de mes habits diaboliques, seulement pour cueillir une fleur dont la possession m'était assurée; j'avais un autre but dont je vous ai déjà fait part. Je rattache ma ceinture, je me coiffe de mon bonnet enflammé, et je me dirige vers la chambre du crédule rentier. Il dormait profondément : je m'approche de son lit, j'entr'ouvre brusquement ses rideaux, et le secouant fortement par un bras, je le force de lever les yeux ; mais à peine ses regards se sont-ils portés un instant sur moi, qu'il se jette le drap sur le visage, en poussant des cris épouvantables. — Silence ! lui dis-je, d'une voix que je grossis autant qu'il me fut possible, et que la peur du pauvre homme rendait plus formidable encore, silence ! je suis envoyé par Belzébuth pour t'annoncer que si tu ne te hâte de marier ta fille avec le fils de ton voisin, Belzébuth lui-même te viendra tordre le cou. » Après avoir parlé, je reculai de quelques pas, et le bruit de la chaîne qui me servait de ceinture, fit un bruit qui manqua de faire mourir de peur le père de ma maîtresse. Dans l'excès de sa frayeur, il s'élança hors de son lit, en appelant du secours, et tandis qu'il courait à la croisée, pour se faire entendre, je regagnai la chambrette de ma tant douce amie. Nous rîmes beaucoup de la peur du bonhomme, et nous goûtâmes de nouveau les plus doux plaisirs de l'amour; mais mais bientôt nos transports firent place à la crainte. Aux cris de M. Dupérier, quelques voisins accoururent, et de ce nombre était mon père. En me retirant dans la chambre de ma maîtresse, j'avais, par malheur, laissé tomber mon bonnet ou toque, que je n'avais pas eu le temps de ramasser. Les voisins étant entrés, M. Dupérier avait eu le courage d'allumer un flambeau, et il racontait sa triste aventure; comme l'auditoire paraissait douter de la vérité de ce qu'il disait, attendu que sa faiblesse d'esprit était connue de tout le monde : Tenez, Messieurs, leur dit-il, en leur montrant mon bonnet, voici la preuve que ce que je vous dis n'est point un conte : voilà le bonnet qui couvrait la tête du démon, il est encore tout chaud. — Bah ! répondit mon père, la peur vous aveugle ; ne voyez-vous pas que c'est une toque d'avocat ? — Je le savais bien, sécria alors le père d'Agathe, que les avocats n'étaient ni plus ni moins que les amis du diable. Mon père, ayant regardé le bonnet un peu plus attentivement, le reconnut pour lui appartenir, et il devina aisément qui l'avait apporté là, et quel était le personnage que son voisin avait pris pour le diable; mais il n'eut garde de dire ce qu'il en pensait. Cependant M. Dupérier jurait qu'il se laisserait plutôt tordre le cou, que de donner sa fille à un homme qui était sorcier, qui allait au sabat, et dont la fin ne pouvait être édifiante. Les autres personnes, qui aussi bien que mon père avaient reconnu le bonnet pour celui d'un homme de robe, offrirent de faire des recherches dans la maison, afin de s'assurer si le diable ne s'était pas caché dans quelqu'appartement, pour tourmenter de plus belle le pauvre homme. M. Dupérier accepta : on alluma plusieurs flambeaux, on visita les étages les uns après les autres, et on parvint ainsi à la porte de la chambre ou Agathe et moi goûtions le bonheur suprême. Le cortége s'arrête à cette porte, les soupirs que l'amour heureux nous arrachait furent entendus, et M. Dupérier, de s'écrier que le diable étouffait sa fille. — Agathe, ma chère Agathe, ouvre, c'est moi, c'est ton père qui viens à ton secours. — « Mais, mon père, je ne sais ce que vous voulez dire, je n'ai pas besoin de secours. » Agathe disait vrai, elle n'avait pas besoin de secours ;

mais elle n'était pas tranquille sur les suites de cet évènement, et je ne l'étais pas beaucoup plus ; je commençai à me repentir d'avoir fait le diable, et à penser que c'était souvent un rôle dangereux. Heureusement mon père, qui, ainsi que je l'ai dit, avait deviné que le diable ne lui était pas étranger, devina encore que mademoiselle Agathe n'était pas tentée de se plaindre de la visite que le lutin lui avait faite ; il proposa de passer outre, et on monta plus haut, où n'ayant rien trouvé, chacun se retira, et laissa M. Dupérier se débarrasser du diable, comme il le pourrait.

Ce bon père revint à la porte de la chambre de sa fille. « Ouvre-moi donc, ma chère fille. — Mais mon père quelle idée est la vôtre ? me faire lever à cette heure, vous n'y pensez pas. Quelque lutin aurait-il troublé votre repos ? Précisément, ma fille, c'est le diable lui-même, et comme je t'entendais soupirer, je pensais qu'il était peut-être chez toi. — Rassurez-vous, je ne l'ai pas vu, et je suis fort tranquille ». Le bonhomme n'insista pas davantage, et il se retira : je regagnai bien vite mon domicile, et je fis ce voyage quelques autres fois ; mais M. Dupérier n'en démordit pas, il jura qu'on lui tordrait plutôt le cou que de le faire consentir à donner sa fille à un associé de Satan, et il fallut bien que je me contentasse d'être amant heureux. Parbleu, s'écria le président, il est inutile d'en entendre davantage ; en voilà plus qu'il n'en faut. Emparons-nous de cette anecdote, brodons, rimons ; nous donnerons à cela le titre du *Diable amoureux*, et je vous réponds du succès.

Cependant madame Denesville vivait au sein des plaisirs et de l'opulence. Elle avait gardé Félix, parce qu'il était jeune, bien fait et qu'il lui plaisait ; mais comme il ne payait pas, elle s'était arrangée, pour l'intérêt, avec un sénateur qui était fort généreux, depuis que son maître avait ajouté à ses biens, déja immenses, trente mille francs de rente, sous la seule condition de dire comme lui. Madame Denesville, qui depuis long-temps avait oublié ses devoirs, ou qui ne s'en était rappelée que pour les violer de nouveau; cette femme accoutumée à vivre dans l'opulence, et n'ayant que sa beauté pour fortune, ne pensait pas que la misère pût l'atteindre; le temps approchait pourtant où elle devait recevoir une terrible leçon. Elle avait épuisé la coupe des plaisirs, et s'était enfoncée dans l'abîme du vice, sans penser qu'il devait l'engloutir. Un soir elle se fait conduire à l'un de nos théâtres, non pour y chercher le plaisir du spectacle, mais pour se donner elle-même en spectacle, pour éclipser par sa parure les plus élégantes du jour, et pour attirer les regards d'une foule de gens qui, tout en rendant justice à ses charmes, lui payaient le tribut de mépris qui lui était dû. Elle ne pensait pas que ces bijoux, qu'elle portait, la marquaient du sceau de la réprobation ; mais ce jour devait être le dernier de l'illusion, une catastrophe épouvantable devait mettre un terme aux déréglemens de sa vie.

Le spectacle fini, la foule se retire ; madame Denesville monte dans sa voiture, et ses chevaux partent avec la rapidité de l'éclair: une autre voiture courait avec la même vîtesse du côté opposé, les roues des deux chars se rencontrèrent, et produisirent un choc violent. Madame Denesville, effrayée, veut s'élancer dehors, son pied reste accroché au marche-pied, sa tête tombe sur le pavé ; dans ce moment les voitures se dégagent, les chevaux, que la résistance a rendus plus fougueux encore, l'entraînent malgré ses cris, et ce ne fut qu'à cinquante pas de là qu'on parvint à les arrêter....Mais, hélas! qu'était devenue cette beauté? ce chef-d'œuvre de la nature?..... Un de ces beaux yeux qui lançaient le feu de l'amour était crevé, le double rang de perles qui garnissaient sa bouche était brisé, son beau sein était meurtri, déchiré, enfin tout son corps était horriblement mutilé. Dans ce moment Denesville sortait aussi du spectacle, et il accourut, ainsi que beaucoup de personnes, aux cris déchirans de l'infortunée. Comme il demeurait tout près du lieu de cette scène, il offrit son appartement pour recueillir la blessée, et lui donner tous les secours nécessaires. On accepte : la malheureuse est transportée mourante chez son mari, qui s'empresse d'envoyer chercher un chirurgien. En attendant, il lave lui-même le visage de la blessée : à mesure qu'il étanchait le sang, il croyait reconnaître les traits de cette femme ; enfin il la reconnaît, c'est cette épouse coupable dont la conduite déréglée l'a perdu lui-même. Enfin, elle reprend ses sens, et elle reconnaît elle-même son mari. C'est dans ce moment terrible que le coupable sent vivement toutes ses fautes ;

c'est alors seulement que le repentir est sincère. Madame Denesville, d'une voix mourante, pria son mari de lui pardonner : elle avoua toutes ses faiblesses, ne chercha pas à atténuer ses fautes. Denesville pleurait, il sentait que lui-même n'était pas exempt de reproches. Il avait cessé d'être estimable ; mais son naturel bon et sensible n'était pas entièrement corrompu, il pardonna à sa trop coupable épouse.

Le chirurgien arriva ; il pensa toutes les blessures, et décida qu'aucune n'était mortelle ; mais, que les cicatrices paraîtraient et ôteraient tout l'agrément de cette figure, jadis si jolie. Dès que le sénateur apprit ce qui était arrivé, il s'occupa tranquillement à chercher une autre maîtresse. Julie, voyant qu'il n'y avait plus rien à gagner au service de sa maîtresse, l'abandonna, et madame Denesville, frappée par tant de coups à-la-fois, ne put survivre à la perte de sa beauté. Elle mourut dans les bras de son mari, qui donna encore quelques larmes à sa mémoire, et continua de mener le genre de vie qu'il avait adopté. Quelque temps après, Moreau apprit tout ce qui était arrivé à son bon maître; il le plaignit et s'écria : *Je l'avais bien dit que tout cela finirait mal.*

FIN DE L'ÉPOUX PARISIEN.

PETITE MACÉDOINE PARISIENNE.

Par C. D***.

―――――

MOYEN DE PARVENIR.

Avoir une femme jeune, jolie, coquette et galante ; fermer prudemment les yeux sur ses intrigues journalières, recevoir même avec une certaine cordialité ceux qui vous font l'honneur de visiter madame ; voilà le vrai moyen pour un mari d'arriver aux emplois lucratifs, d'avoir une table abondamment et délicatement servie, et de se procurer toutes les aisances et tous les plaisirs dont on jouit dans la capitale. Il est vrai que cet excellent mari sera traité de bonhomme; et que son nom deviendra sinonyme de celui de c...... Mais, à ces petits désagrémens près, l'abondance régnera dans sa maison, il sera fêté et recherché partout, et le Pactole roulera autour de lui ses paillettes d'or; à l'appui de cette assertion, qui depuis long-temps a acquis la force de la vérité, voici une anecdocte qui rentre dans ce sujet.

Certain jeune avocat, affamé de procès,
    N'avait ni client ni cliente;
En vain il balayait chaque jour le palais,
    Et disait à la gent plaidante :

« Chez moi, Messieurs, on écrit proprement ;
« En nouveau Cicéron je plaide éloquemment ;
« Le tout à juste prix. » Il employait la force
  De maint autre raisonnement.
  Autant en emporte le vent ;
Pas le moindre plaideur ne venait à l'amorce.
Comment faire? On le raille impitoyablement.
Écoute, te voilà dans un âge nubile,
Lui disait l'autre jour un de ses bons amis,
Il faut te marier, et c'est là mon avis :
  Alors tout te sera facile.
  Faute de mieux, ce remède aigre-doux
  Fut accepté par l'avocat docile ;
Il promit de porter le beau titre d'époux.
  Pendant qu'une femme on lui quête,
Un jour l'ami railleur vint lui parler ainsi :
  Je sais que ton hymen s'apprête.
Les affaires, dis-moi, viennent-elles aussi ?
Oh! bientôt, répondit notre futur mari ;
  J'en aurai par-dessus la tête.

ACTEURS ET ACTRICES.

On peut appliquer aux acteurs et actrices des théâtres de la capitale le jugement que Martial portait de ses épigrammes.

Sunt bona, sunt quædam mediocra, plurima mala (1).

Notre but n'est point d'examiner ici leurs talens; nous laissons cette besogne au redoutable Feuilleton; notre prétention est de les considérer sous un autre point de vue.

Sans la discussion de la comé-

---

(1) Peu de bonnes, quelques-unes de médiocres, et la plupart mauvaises.

die du jour et des talens des acteurs et des actrices, que feraient ou plutôt que diraient nos oisifs? Une personne à qui nos mœurs seraient absolument étrangères, en voyant l'intérêt qu'ils prennent à nos acteurs et à nos baladins de théâtre, s'imaginerait avec raison que ce sont les premiers hommes de l'Etat et même les plus importans : il ne manquerait pas alors de se récrier, un peu plus instruit, sur la futilité des conversations dont ils sont les éternels sujets. Telle est la légèreté du Français, qu'il met plus de chaleur à disserter sur une tirade de Corneille ou de Racine, déclamée par Mademoiselle Duchesnois, ou G. Weymer, que sur les intérêts du gouvernement et même sur ceux de sa maison.

Pour devenir bon comédien, il ne suffit pas de le vouloir ; cet art exige beaucoup de talens, une étude assidue et un travail opiniâtre. Voilà la raison pourquoi on voit tant d'écoliers et si peu de maîtres. La dissipation et les plaisirs qui semblent attachés à cet état font toujours échouer les trois-quarts et demi des individus qui l'embrassent.

Avant la révolution, le titre de comédien était un brevet d'excommunication. L'Église avait jugé à propos de les rejeter de son sein, par la raison, qu'en contribuant à l'amusement du public, ils étaient un obstacle à son salut. La révolution, en levant l'excommunication, et en les faisant participer au titre et aux droits de citoyen, n'a pu changer leur conduite et rendre leurs mœurs plus réglées et moins scandaleuses.

Presque tous célibataires, ils sont insoucians sur le passé, et jouissent du présent sans s'embarrasser de l'avenir, qui devient presque toujours pour eux une chaîne de maladies et de privations.

Quant aux actrices, qui jouent, à peu de chose près, le rôle de courtisannes, avec un très-petit talent et sur-tout un minois agaçant, elles parviennent à captiver les faveurs de tous les Plutus qu'elles ruinent avec une dextérité et une amabililité incroyable, sans pour cela s'enrichir elles-mêmes ; car presque toujours leur sort est à plaindre sur la fin de leur vie. Ayant su moissonner avec abondance dans printemps, elles n'ont pas eu l'art de conserver pour l'hyver de leurs jours.

Exposées à tous les genres de séduction, il est rare qu'elles veuillent ou qu'elles puissent y échapper. Il s'en est rencontré cependant quelques-unes qui ont gardé sur les planches le dépôt sacré de la pudeur et de la chasteté.

En 1773, un Anglais, frappé de la beauté, des talens et de la sagesse d'une jeune actrice, lui écrivit la lettre suivante :

« Mademoiselle,

« On dit que vous êtes sage, « et que vous avez formé la résolu- « tion de l'être toujours ; je vous « exhorte à ne jamais changer. Je « vous prie d'accepter le contrat « que je vous envoie ; il vous assure « cinquante guinées par mois, « tant que cette fantaisie vous du- « rera; si par hasard elle venait « à vous passer, je vous demande « la préférence, et je vous en don- « nerai cent. »

La proposition de l'Anglais était aussi originale que la résolution de mademoiselle, qui jugea cependant à propos d'y renoncer, trouvant trop pénible le fardeau d'une vertu qui faisait tant de bruit dans le monde.

PETITES AFFICHES.

De tous les journaux qui circulent chaque matin dans Paris, le plus véridique est celui qu'on nomme *Petites Affiches*. Le rédacteur, sans être obligé de mettre à contribution son esprit, y annonce avec la plus grande impartialité, les ventes de maisons et de biens ruraux, les chiens perdus, etc. Ceux qui cherchent à se placer achettent quelques lignes du journal, où ils étalent tout leur savoir faire, et ce savoir n'est pas mince; en voici un petit échantillon pour l'amusement de nos lecteurs :

Un quidam, dont la grande affaire
Était de faire bonne chère,

Perdit, ce fut un grand malheur,
Un cuisinier selon son cœur.
Celui qu'à sa place on amène
En ces mots, sans reprendre haleine,
Fait sa harangue ainsi : Monsieur,
Je ne suis pas un grand parleur,
Mais bien le plus grand algébriste,
Le plus curieux botaniste,
Le plus subtil logicien,
Le plus profond physicien,
Le plus habile politique,
Le plus fin, le plus chaud critique
Qui soit de Paris à Nankin.
Je suis excellent Arlequin,
Je suis versé dans la magie,
J'excelle dans l'astrologie,
Je sais manier le burin,
Tant sur le bois que sur l'airain ;
J'ai du goût pour l'architecture,
Je sculpte, je fais la peinture.
Je fais des horloges à l'eau ;
Je fais des vers comme Boileau.
Je rase, je chante, je danse ;
Je suis fort en jurisprudence ;
Je m'escrime comme un lutin ;
Je suis Grec, sur-tout en latin.
Je parle et j'écris en dix langues,

Je fais des sermons, des harangues,
Des lunettes, des instrumens,
Toutes sortes d'habillemens
A l'usage d'homme et de femme.
J'ai fait une nouvelle gamme.
J'ai trouvé la poudre à canon.
Vous voulez me dire que non!
N'ai-je pas trouvé la boussole?
Vous haussez l'une et l'autre épaule!
Que direz-vous d'un alphabet
Dont je m'en vais vous mettre au fait?...
Au fait, au fait, à la marmite,
Dit le quidam, *langue maudite*
Qu'on devrait excommunier!
Vous verrez que ce cuisinier,
Ajouta-t-il tournant l'échine,
Saura tout faire hors la cuisine.

Ces Petites Affiches ont pris depuis quelque temps un vol plus élevé. On y fait l'analyse et la critique des nouvelles pièces de theâtre ; on y insère même des énigmes, charades et logogriphes, et, pour le plaisir des élèves des écoles centrales, la plupart des énigmes sont latines : et des prix sont adjugés à ceux qui peuvent les déchiffrer. L'esprit d'invention est une belle chose, il faut l'avouer, et grâces au génie du redacteur, les Œdipes modernes trouvent tous une pâture journalière à la sagacité de leur esprit.

Ce journal est d'un excellent produit pour ses propriétaires, qui ont préféré l'utile à l'agréable, et qui s'en trouvent bien. Cette feuille existe depuis un siècle, et il est probable qu'elle vivra encore long-temps; les rédacteurs peuvent y mettre pour épigraphe ce vers d'Horace.

Exegi monumentum ære perennius.

ANTIQUAIRES.

La passion de l'antique a dans la capitale de nombreux partisans. Les personnes atteintes de cette maladie ne vivent point dans Paris ; leur imagination erre continuellement sur les ruines d'Athènes et de l'ancienne Rome. La découverte d'une médaille, du moindre ustensile qui a servi à l'usage d'un peuple ancien, est pour eux de la plus grande importance, et leur cause une joie indicible ; étrangers à tout ce qui se passe autour d'eux, ils n'existent que dans les siècles réculés.

Madame Dacier, qui a commenté si longuement l'Iliade et

l'Odyssée d'Homère, qui adorait, pour ainsi dire, tous les mots grecs et latins, qui raffolait des usages et des coutumes des anciens, voulut un jour, d'après les idées qu'elle avait prises de la cuisine des Lacédémoniens, composer le fameux *brouet noir*, et juger par elle-même de son excellence. L'expérience qu'elle en fit ne répondit pas son à attente; elle faillit s'empoisonner.

On a vu le comte de Caylus entreprendre des voyages de long cours pour déterrer une médaille, un vase antique, ou une statue. A sa mort, on lui fit l'épithaphe suivante.

Ci git un antiquaire acariâtre et brusque.
Ah! qu'il est bien logé dans cette cruche étrusque!

Le sieur Perrier, élève du peintre David, s'est montré le don Quichotte de l'amour de l'antique. On le voyait dans toutes les rues, vêtu à la grecque ou à la romaine, avec une barbe et un grand manteau. Les poissardes, quand elles le rencontraient, ne lui épargnaient pas les coups de gueule; les petits garçons couraient après lui, et les chiens l'aboyaient; tout cela ne n'ébranlait pas sa fermeté. Encore s'il eût joint à cela un grand talent! mais il ne se distinguait que par sa singularité.

Un jour il fut rencontré par un *Grec*, du pays des Grecs, car il y en a de plusieurs sortes. Celui-ci, voyant son habit singulier, lui demanda s'il était son compa-

triote : Non, lui dit Perrier, je suis
Français. — Vous venez donc
d'Egypte ? — Non, je viens de
chez moi. L'autre, surpris, lui demanda pardon et s'en alla en di-
sant : Il faut que les Français soient
de *grands Grecs*, puisqu'ils en imposent même aux gens du pays.

ARTISTES.

AIR : *Femmes, voulez-vous éprouver.*

Barbouilleurs, tristes musiciens,
Faibles sculpteurs, sots journalistes,
Tous, jusqu'aux mauvais comédiens,
Se décorent du nom d'artistes.
Sur ce beau titre, avec raison,
Depuis quelque temps chacun glose :
« Rien n'est plus commun que le nom,
« Rien n'est plus rare que la chose. »

Ceux qui sont à l'*a*, *b*, *c*, des

sciences, des arts et de la littérature, depuis le décroteur du Pont-Neuf, jusqu'au peintre logé au Louvre, tous se qualifient du nom d'artiste. Tous vous parleront des sciences et des arts auxquels ils ne conçoivent rien, et se plaindront avec une bonhommie rare de ce que le gouvernement les laisse dans une inaction préjudiciable selon eux à la société.

. . . . . . Les artistes manœuvres,
Dont nul n'est riche assez pour acheter ses œuvres,

ont en poche des diplômes en parchemin de toutes les confréries littéraires, et de nouveaux projets prêts à être présentés au ministre; ils ne doutent de rien, déraisonnent sur tout, et se croient en définitif les personnages les plus importans de la république ; ils pensent, en outre, que leur existence est un bienfait pour l'humanité entière, que hors de leurs confréries ils n'est point de salut.

AUTEURS.

Paris fourmille de petits auteurs que l'on peut appeler, avec justice, les enfans de chœur de la littérature. Ils savent, tout au plus, dire un verset, et veulent prendre le pas sur les chantres.

Quelqu'un qui veut avoir une idée un peu juste de la multiplication de tous ces noms de la littérature, peut ouvrir les siècles littéraires de M. Désessarts. Ce libraire-auteur, ou cet auteur-libraire a ramassé avec soin toutes les petites brochures, tous les pamphlets éphémères pour grossir cette nomenclature. On est tout étonné qu'un auteur dont on n'avait jamais entendu parler, n'en ait pas moins fait, sans qu'on s'en doute, de 55 à 60 ouvrages. On croirait, qu'armé d'un microscope, il a parcouru tous les musées, toutes les sociétés littéraires, tous les recueils pour y découvrir le plus petit auteur.

Il y a, disait Rivarol, *des chemins connus pour arriver à l'Académie; on n'en connaît pas pour échapper au Musée.* On pourrait en dire autant de la compilation de M. Désessarts, *rudis indigestaque moles*, on ne l'évitera point si on a fait un couplet, un distique, un paragraphe de prose et même une énigme.

Cette foule de noms inconnus, qui remplissent presque toutes les pages des siècles littéraires, rappelle une plaisante querelle que rapporte l'ingénieux écrivain que nous venons de citer entre trois ou quatre personnes qui se piquaient de connaître un grand nombre d'auteurs obscurs : « on « s'échauffa, et les auteurs dont « on parlait devenant de plus en « plus imperceptibles, on fit des « paris. Je gage, dit l'un, « que je pourrai vous citer tel

« écrivain et tel ouvrage dont
« vous n'avez jamais ouï parler.
« Je vous le rendrai bien, ré-
« pondit l'autre; et, en effet, ces
« messieurs venant à disputer de
« petitesse et d'obscurité, on vit
« paraître sur la scène une armée de
« Lilliputiens. *Mérard de St.-Just,*
« *Lourdet de Santerre, Lane* de
« *Boissy*, criait l'un; *Joly de Planci*,
« *Joly de St.-Just, Renaud de Beau-*
« *caron,* criait l'autre ; *Guin-*
« *guéné* par ci, *Moutonnet* par là,
« *Briquet, Braquet, Mariborou* ; et
« puis c'était *Grouvelle,* et puis
« *Panis,* et puis *Fallet*; et comme
« on s'irritait, on en vint à *Fricat,*
« *Pistolet , Mitraille, Cathala-Co-*
« *ture* : c'était une rage, un tor-
« rent ; tout le moude était par-

« tagé; car ces messieurs parais-
« saient avoir une artillerie bien
« montée; et soit en opposant,
« soit en accouplant les petits
« auteurs, ils les balançaient assez
« bien, et ne se jetaient guère
« à la tête que des boulets d'un
« calibre égal; de sorte que de
« citations en citations, tant d'au-
« teurs exigus auraient fini par
« échapper aux prises de l'auditeur
« le plus attentif, si l'assemblée
« n'avait mieux aimé croire que
« ces Messieurs plaisantaient, et
« n'alléguaient que des noms sans
« réalité. Mais les deux antago-
« nistes, choqués de cette opinion,
« se rallièrent, et se mirent à parier
« contre l'assemblée. Oui, Mes-
« sieurs, je vous soutiens qu'il

« existe un écrivain nommé *Le-*
« *vrier de Champrion*, un autre qui
« s'appelle *Delormel de la Rotière,*
« un autre *Gabret de Salins*; un
« autre *Basue de Douincourt*; et
« si vous me poussez, je vous
« citerai *Groubert de Groobental*;
« *Fenouillot de Falbaire Quingey,*
« et *Thomas Minau de la Mistringue.*
« A ces mots, on éclata de rire;
« mais le discoureur tira de sa
« poche trois opuscules qui prou-
« vaient bien que *Groubert de*
« *Groubental, Fenouillot de Fal-*
« *baire de Quingey*, et *Thomas*
« *Minau de la Mistringue* n'étaient
« pas des êtres de raison. »

Chaque société a son auteur,
dont elle fait ses plus chères délices,
et par qui elle jure et prononce

sur tous les ouvrages du jour ou d'un jour.

Il serait bientôt temps de former une hiérarchie parmi ces Messieurs, comme dans le clergé, où le chapelain n'ose faire le curé, où le chanoine n'a garde de se donner pour un prélat; il vaudrait encore mieux, je le crois, leur défendre d'écrire, et leur enjoindre enfin de laisser le monde en repos. *O utinam!*

BABILLARDS.

Partout on rencontre de ces espèces d'hommes nés pour nous tourmenter sans relâche, et nous faire, pour ainsi dire, éprouver le supplice de Mézence. Au théâtre, à la promenade, dans les sociétés, dans les rues, ils vous abordent avec impudence ; commencent leurs litanies du jour avec une volubilité inconcevable, et les continuent de même, sans vous permettre ou plutôt sans vous laisser le temps de leur répondre un seul monosyllabe. Ils vous disent ce qui est et ce qui n'est pas ; le moindre incident, la plus petite circonstance d'un fait est paraphrasée avec une rare prolixité, ils ne vous font grâce de rien, ils n'omettent pas même les dates, les heures, la pluie ou le beau temps. Un plaisant les a défini *gens inextricabilis* : selon le grand Frédéric, ce sont des gens qui font pleuvoir.

Un déluge de mots sur un désert d'idées.

Il en est de ces ignorans babillards comme de ces petites bouteilles qui ont le cou étroit ; moins elles renferment de liqueur, plus elles font de bruit en la répandant. Permis à une jolie femme de babiller sans cesse ; la légèreté avec laquelle elle le fait, et l'agrément de ses charmes sont une espèce de compensation qui nous fait supporter le babil, pour ne voir et ne penser qu'à ses attraits.

On dit d'une personne babillarde : Elle est si pleine de paroles, qu'elle parle éternellement sans le moindre bon sens, et néanmoins avec une aisance et une sécurité qui font douter si elle sait elle-même qu'elle ne fait que parler.

Je reviendrai demain vous raconter la suite de mon histoire, disait un jour un babillard à quelqu'un. Je la tiens pour racontée, lui répondit celui-ci. Que de personnes à qui on pourrait faire la même réponse.

Naguère un grand bavard tant jasait, tant jasait,
Qu'enfin las de l'entendre, et ne pouvant le suivre,
Un aveugle attentif, estimant qu'il lisait,
Lui dit: Pour Dieu, Monsieur, brûlez ce mauvais livre (1).

---

(1) Le saillant de cette épigramme appartient à feue madame Geoffroi, la *culottière* des auteurs *sans culottes*.

BEL-ESPRIT.

Composé de petits talens et de connaissances superficielles dont on a soin de faire usage et qu'on affiche journellement dans la société.

A Paris il y a de beaux-esprits dans toutes les classes de la société; mais, c'est sur-tout au Parnasse, dans les Académies littéraires, et dans les bureaux d'esprit, qu'on en trouve de toutes les espèces et et de toutes les couleurs.

Pas de petite société qui n'ait son bel-esprit, regardé comme un prodige de connaissances, de talens et de mérite par tous les individus qui la composent. Ce bel-esprit patenté peut défiler impunément toutes les sottises qui lui passent par la tête; il est sûr d'avance des applaudissemens et de l'admiration de ses auditeurs bénévoles.

Il y a aussi de beaux-esprits femelles, qui pour s'attirer une certaine considération, et se faire le point de mire général de tous les petits vers louangeurs, établissent des bureaux d'esprit, où l'on reçoit sans aucun examen tous les fabricans d'hémistiches qui peuvent faire montre d'un madrigal ou d'une charade de leur composition.

Cette petite cour de rimailleurs adresse journellement à sa présidente ou plutôt à sa reine, des épîtres, des élégies, des madrigaux, des idylles, des boutades, des acrostiches, des énigmes, des charades, des logogriphes, et même des anagrammes; et comme il est juste que tout flatteur vive aux dépens de celui qui l'écoute, ils reçoivent, en échange, de l'encens qu'ils envoient par tourbillons au nez de leur divinité, des dîners et des culottes.

BUREAUCRATIE.

Malheur à celui qui sollicite une affaire dans les bureaux du gouvernement ! Il faut qu'il passe par la filière de tous les commis, qui se le renvoient les uns aux autres comme une balle ; heureux encore si, après de longues allées et de longues venues, il arrive au but désiré.

La plupart de ces bureaucrates, semblables au valet qui veut singer son maître, prennent un air de morgue, un langage suffisant et des manières insolentes. Ignorans au suprême degré, ils tranchent sur tout avec hauteur ; rien ne les embarrassent, et par un oui ou un non articulés avec impertinence, ils s'imaginent avoir satisfait à votre demande, ou résolu la question que vous leur avez faite. Vous voulez répliquer, ils vous imposent silence, ne pouvant répliquer à vos objections.

Parmi cette foule de commis de tous les genres et de toutes les espèces, il y en a un certain nombre qui passent en partie des heures de bureau à tailler et à affiler leurs plumes, à discourir, en ricanant, sur les filles et les spectacles.

Que le jour paraît long au lâche qui travaille!

Ces Messieurs, dont l'activité et la diligence ne sont pas les premières vertus, comptent, avec impatience, les heures, les demi-heures, les quarts-d'heures et jusqu'aux minutes. Quatre heures sonnent; ils se lèvent; sortent avec la vitesse de l'éclair, entrent chez le restaurateur, de là au café, et puis au spectacle; ainsi finit la journée.

CABRIOLETS.

Gare ! gare ! gare !... C'est un cabriolet ou un wiski qui vient fondre sur moi avec la vivacité de l'éclair. Je l'esquive heureusement. Je fais quelque pas, et je veux entrer dans une autre rue, un phaëton, conduit par une femme, me serre, en tournant, contre la borne. Fluet et mince, en m'applatissant contre le mur, j'échappe encore au danger......... Maudit, mille fois maudit soit l'inventeur de ces funestes voitures !...... Louis XV disait que s'il était lieutenant de police de Paris, il empêcherait l'usage des cabriolets. Louis XV avait raison.

Il n'y a pas de jour qui ne soit témoin d'un nouveau désastre occasionné par ces phaétons légers, presque toujours conduits par des jeunes gens étourdis et imprudens, et cependant on les souffre!....

Une considération importante, qui devrait faire ouvrir les cent yeux de la police, c'est que les conducteurs de ces wiskys sont presque toujours :

1° Des jeunes gens inexpérimentés, qui s'amusent à parcourir les rues de la capitale, par le seul plaisir de tuer le temps et leur bourse.

2° Des parvenus et des agioteurs dont la moindre course est une calamité publique.

3° Des personnes qui volent à

une partie de plaisir ou à un rendez-vous de jolies femmes.

4° Des femmes, dont la main faible et délicate n'est pas habituée à manier les rênes d'un cheval, et à diriger une voiture.

Il y a quelques années qu'une ordonnance de police, voulant parer aux accidens malheureux occasionnés par ces maudits cabriolets, enjoignit à leurs conducteurs d'attacher au cou des chevaux des grelots, dont le bruit préviendrait le timide piéton de se ranger promptement contre le mur, pour éviter d'être écrasé; précaution inutile! Le bruit du grelot, couvert par celui de la roue, rendit l'ordonnance de la police à-peu-près nulle.

Il ne faut jamais de demi-mesures. Une demi-mesure entraîne souvent plus de mal que la chose avec son abus entier.

Aujourd'hui on chante dans nos églises, *Domine, salvum fac regem*. On pourrait ajouter à cette prière, celle-ci :

> Mon Dieu ! prenez pitié
> De ceux qui vont à pié.

CAFÉS.

On peut compter, l'un dans l'autre, un café par chaque rue. Ils sont le rendez-vous d'hommes désœuvrés qui cherchent à tuer le temps. Un café est une arche de Noé, où l'on voit plusieurs espèces de bêtes rassemblées. On y parle sans rien dire, on y discute sans s'entendre, on y politique sans avoir la première idée d'un gouvernement quelconque. On y médit sans haine, on y calomnie sans aversion, on en sort, et on rentre chez soi sans en savoir davantage.

Le jeu de *Domino* est le principal amusement qu'on trouve dans tous les cafés ; sans *Domino* point de café ; il est aussi indispensable dans ces sortes de maisons que la demi-tasse et le petit verre.

Dans quelques grands cafés, on joue aussi aux dames. C'est là que des maîtres passés en ce jeu viennent tous les jours donner des leçons intéressées à quelques apprentis, qui se trouvent honorés de

payer leur dîner ou leur souper.
Au café Valois, Palais-Royal,
on joue aux échecs. C'est-là que,
du matin au soir, on voit des
amateurs s'essayer dans ce jeu,
dont quelqu'un a dit avec raison,
qu'il était trop savant pour passer
pour un jeu et pas assez pour une
science.

J'entrai dernièrement dans un
café, où je m'occupai à envisager
tous les individus qui le compo-
saient: les uns lisaient les journaux, d'autres débitaient de fausses
nouvelles, quelques-uns s'entretenaient, ce semble, ceux-ci discu-
taient, ceux-là ne disaient rien;
je m'attachai principalement à regarder ces derniers, et je crus
deviner que la plupart d'entr'eux

réfléchissaient où ils pourraient manger le soir, n'ayant rien pris de toute la journée. Cette pensée m'attrista; je détournai mes regards et les portai sur un groupe de politiques qui parlaient tous à-la-fois sans s'entendre. Leur entretien roulait sur les colonies, sur le parlement d'Angleterre, sur la Russie et les Indes Orientales et Occidentales. Les fautes de géographie ne furent pas ménagées, indépendamment de celles du raisonnement. Après avoir discuté long-temps et longuement les intérêts des divers cabinets de l'Europe, ils se retirèrent, chacun de leur côté, persuadés que dans cette discussion ils avaient tout vu et tout prévu.

Deux hommes, parlant un peu

bas, fixèrent ensuite mon attention ; c'étaient deux partisans de l'ancien régime ; ils ne trouvaient rien de bien dans le gouvernement actuel. Un rentier de leur connaissance s'approcha, embrassa leur opinon avec chaleur, et finit par conclure que sans rentiers, il ne pouvait exister de gouvernement. Cette ridicule assertion me fit sourire de pitié. Je laissai là ces mécontens, et allai m'asseoir auprès de quatre personnes qui parlaient économie politique. Comme je n'ai pas encore compris tous les systèmes des économistes, je quittai mon siége, et me plaçai vis-à-vis trois hommes qui s'exprimaient avec beaucoup de chaleur ; je croyais m'instruire, je fus grossièrement trompé ; ils parlaient de la pluie, du beau temps et des quartiers de la lune. Je quittai ces diseurs de rien, et m'approchai d'un groupe de petits auteurs qui se prodiguaient réciproquement les éloges les plus outrés. *Asinus asinum fricat.* Après s'être successivement passé l'encensoir, leur conversation s'établit sur les actrices du jour : mesdemoiselles Duchesnois et G. Weymer ne furent pas oubliées; on analysa leur talent physique et moral, et après quelques calembourds pitoyables, et quelques équivoques graveleuses, on tomba avec force sur le redoutable Feuilleton. Les injures ne furent pas épargnées à l'inévitable Geoffroi; la mémoire était encore récente des coups d'étrivières qu'il avait donnés sans pitié à plusieurs d'entr'eux, et on ne pouvait lui pardonner d'avoir mis à nu la médiocrité de leur esprit. Cette conversation m'amusait ; je voulus placer mon mot ; on se tut, et on me regarda attentivement pour démêler dans mes traits si je n'étais pas un partisan caché du traducteur de Théocrite. Après un mûr examen, ils me mirent dans la confidence de ce qu'ils devaient faire le soir ; il s'agissait d'aller siffler un vaudeville du bonhomme Leger. J'y consentis volontiers ; nous sortîmes du café, et je m'acheminais avec ces Messieurs au champ de bataille, lorsqu'un de mes amis, que je rencontrai, m'obligea de le suivre, et m'empêcha en conséquence d'assister à la chûte d'une pièce.

ÉCLIPSES JOURNALIÈRES

Visibles à Paris.

Par une faveur peu commune,
Rarement dans ce beau Paris,
Éclipses de soleil, de lune,
Attachent nos regards surpris.

Éclipses d'une espèce unique,
Et d'un effet très-étonnant,
Sans l'attirail astronomique
Sont visibles à tout moment.

Au palais où dame Justice
Dicte ses oracles trompeurs,
Le bon droit, comme un artifice,
S'*éclipse* devant les plaideurs.

A chaque saison de l'année,
Entre les amis, les amans,
Dieux! quelle *éclipse* inopinée
D'affections, de sentimens!

De la pudeur parfaite *éclipse*
Parmi nos femmes du grand air,
Dont la faible vertu s'*éclipse*
Aussi promptement que l'éclair.

PARISIENNE. 215

Préparant une banqueroute,
Le marchand qui veut s'enrichir
Prend vite une feuille de route
Et s'*éclipse* comme un zéphyr.

Toujours *éclipse* sur *éclipse*;
Aussi chez nos auteurs voit-on
A chaque instant entière *éclipse*
D'esprit, de goût et de raison.

ÉGOÏSTES.

Il y a des égoïstes partout : proportion gardée des individus, il y en a plus à Paris qu'ailleurs. Dans cette ville, où l'or est l'idole de tous, et le plaisir le but du plus grand nombre, l'insensibilité est une espèce de vertu. Aimer ses enfans, vivre avec sa famille, travailler pour ses neveux, vieux usages. La mode de ne songer qu'à soi-même, de n'exister que pour soi, de ne travailler que pour soi, a prévalu. *Après nous le déluge!* Voilà la devise de presque tous les Parisiens.

C'est la philosophie qui, en prêchant le cosmopolisme, a produit cette sensibilité banale, ces rapports généraux, et cet égoïsme qui, pour se dispenser d'aimer son père, sa mère et ses enfans, aime en gros tout l'univers, ou plutôt n'aime rien. En voulant étendre nos affections au-delà de leurs bornes, elle les a, pour ainsi dire, étouffées. Le sentiment de nos jours ne git plus que dans les phrases et un verbiage scientifique; et quand on a prononcé quatre ou cinq mots abstraits, on croit avoir tout dit et tout fait.

www.ingramcontent.com/pod-product-compliance
Lightning Source LLC
Chambersburg PA
CBHW061959180426
43198CB00036B/1644